Europas Verhängnis 14/18

Kritische angloamerikanische Stimmen zur Geschichte des Ersten Weltkriegs

Wolfgang Effenberger

zeitgeist
Print & Online

3. Auflage August 2024

Bei Übernahme von Originalzitaten: Rechtschreibung, Zeichensetzung sowie Grammatik zum besseren Verständnis korrigiert, historische Schreibweisen wurden z. T. beibehalten.
Übersetzungen: Angelika Eberl und Wolfgang Effenberger

Satz: Hoos Mediendienstleistung, Landau
Coverdesign: Grafikfee, Bingen
Druck und Bindearbeiten: CPI books GmbH, Leck
Printed in Germany

ISBN 978-3-943007-20-6

www.zeitgeist-online.de

»Deutschland und Österreich haben allein diesen Krieg gewollt.«
Journalist und Diplomat Sir Ignatius Valentine Chirol,
The Times, 6. August 1914

»Es war wirklich ein Funke inmitten eines großen Pulvermagazins,
das die Völker Europas in den letzten zwanzig
oder dreißig Jahren aufgebaut haben ...
Ich weiß nicht, ob es irgendeinen großen Organisator gab ...
Es würde mir widerstreben,
ohne Beweislast irgendjemandem eine solche Schuld zur Last zu legen.«
Archibald Primrose, 5. Earl of Rosebery,
Premier 1894/95, August 1914

Wir kämpfen, »um die gefährlichste Verschwörung,
die gegen die Freiheit der Völker angezettelt
und mit grausamer, schamloser Entschlossenheit
in allen Einzelheiten sorgfältig, geschickt,
hinterlistig und heimlich geplant wurde, zunichte zu machen.«
Premier Lloyd George, 4. August 1917

»Gibt es einen Mann oder eine Frau –
ja, lasst mich sagen, gibt es ein Kind –
das nicht weiß, dass in der modernen Welt
der industrielle Wettbewerb der Kriegssamen ist? ...
Dies war ein Industrie- und Handelskrieg.«
Präsident Woodrow Wilson, 5. September 1919

»Als Industrienation reagierte unser Feind im letzten Krieg
auf wirtschaftlichen Druck anfälliger als jemals zuvor.
Und aus geografischen Gründen
war unsere Flotte eher in der Lage, ihn auszuüben.
Zum ersten Mal in unserer Geschichte machen wir ihn
beim Gebrauch des traditionellen blanken Schwerts:
des sogenannten ›kontinentalen Engagements‹,
zur unterstützenden Waffe.«
Basil Liddel Hart, 1931

Inhaltsverzeichnis

Vorwort

»Man muss das Wahre immer wiederholen,
weil auch der Irrtum um uns her immer wieder gepredigt wird,
und zwar nicht von Einzelnen, sondern von der Masse.
In Zeitungen und Enzyklopädien, auf Schulen und Universitäten,
überall ist der Irrtum obenauf, und es ist ihm wohl und behaglich
im Gefühl der Majorität, die auf seiner Seite ist.«[1]
Johann Wolfgang von Goethe (1749–1832)

Wer war's? – Um diese Frage beantworten zu können, so lehrt uns jeder Krimi, muss man als Erstes nach möglichen »Motiven« Ausschau halten, dann, unabhängig davon, darauf achten, wer auf wen mit dem Finger zeigt, um alle Fakten zu analysieren und schließlich die Mosaiksteine zusammenzusetzen. Bezieht sich die Eingangsfrage nun darauf, wem die Schuld am Ersten Weltkrieg zuzuweisen ist, sind die Motive nicht leicht zu erkennen, da sie durch die Propaganda äußerst geschickt verschleiert wurden. Denn die britischen Kriegsplaner hatten aus ihrem verlustreichen Zweiten Burenkrieg (1899–1902) gelernt, dass ein Krieg auch an der Propagandafront gewonnen werden muss. Und dafür ist es einerseits wichtig, dass nach außen hin der Gegner als Angreifer dasteht, und andererseits, dass der Angriff überraschend kommt. Die Tatsache, dass die Briten nach ihrer Kriegserklärung an Deutschland am 4. August 1914 23 Uhr 30 nur wenige Stunden später, im Morgengrauen des 5. August, das deutsche Atlantikkabel kappten, sodass die Deutschen auf die Verbindung der US-Botschaft angewiesen waren (die vom britischen Geheimdienst abgehört wurde), lässt daran jedoch Zweifel aufkommen. Auch die Medien waren anscheinend alles andere als unvorbereitet.

Am 6. August 1914 erschien in der *Times* ein geschichtsträchtiger Artikel von Sir Ignatius Valentine Chirol (1852–1929): »*Die Briten ziehen ihr Schwert für die gute Sache … Wieder einmal werden sie die Freiheit Europas mit den Worten, die König William auf seine Fahne schrieb, aufrechterhalten. Es ist dieselbe Sache, für die Wellington auf der Halbinsel kämpfte und Nelson auf Trafalgar, die gute Sache, die ihren krönenden Triumph auf den Feldern vor Waterloo fand. Es ist die Sache, für die Oliver Cromwells ›Eisenharte‹ und ihre französischen Kameraden die beste Infanterie von Spanien besiegte und für die Drake*[2] *und Howard von Effingham die Armada in die Flucht trieben – die Sache der Schwachen gegen die Starken, der kleinen Völker gegen ihre übermächtigen Nachbarn, die Sache des Rechts gegen brutale Gewalt – die Sache des Commonwealth Europas gegen die Vorherrschaft des Schwertes.*« Garniert war der Artikel mit dem Bild des heiligen Georg, der die belgische Prinzessin vor dem deutschen Drachen beschützt. Diese emotional aufgeladene Botschaft muss auf Engländer, auf Schotten, Iren und Waliser stark gewirkt haben, ist doch das Kreuz des heiligen Georg Bestandteil der englischen Flagge. Als leidenschaftlicher Imperialist war der Historiker und Diplomat Chirol überzeugt, dass das deutsche Kaiserreich und die unruhige muslimische Welt die größte Bedrohung für das Empire bildeten. Also musste Deutschland als brutaler Usurpator dargestellt werden, der über den Nachbarn herfällt und skrupellos ganze Familien ausrottet.

Heute, einhundert Jahre nach der »Urkatastrophe«, scheint es nicht minder wichtig, die »richtige« Deutung der Ereignisse in der öffentlichen Meinung zu verankern. So bewilligte die britische Regierung im Jahr 2014 50 Millionen Pfund für die Gedenkfeier zum Ausbruch des Ersten Weltkriegs. Und nach den offiziellen Veranstaltungen wurden die Propagandablasen vom August 1914, die sich anlässlich des Vertrags von Versailles 1919 tief ins kollektive Bewusstsein eingegraben haben, nun auch vom *BBC History Magazine* mantrahaft wiederholt: Britannien sei im Recht gewesen, es sei kein sinnloser, absurder

Kampf, keine Verschwendung von Menschenleben gewesen, sondern, im Gegenteil, ein edler Streit. Die Schuldzuweisung an Deutschland war damals Voraussetzung, um die enormen Reparationsforderungen zu rechtfertigen. Dabei wurde verschwiegen, dass die ab 1907 gegen das Kaiserreich geplante Blockade nach dem Waffenstillstand vom 11. November 1918 weitergeführt wurde. Infolge des dadurch verlängerten Wirtschaftskriegs starben weiterhin deutsche, österreichische und ungarische Zivilisten an Hunger, darunter eine Viertelmillion Kinder. Erst nach der so erzwungenen Unterzeichnung des Versailler Friedensvertrags am 28. Juni 1919 wurde die Blockade gestoppt.

Für Max Hastings, den »englischen Guido Knopp«, aber ist das kein Thema. Er vertritt trotz nachgewiesener Kriegsvorbereitungen britischer Kreise noch immer die These von der Alleinschuld Deutschlands, so auch im rechtzeitig zum Gedenkjahr erschienenen, landesweit und prominent beworbenen[3] Bestseller »Catastrophe 1914: Europe goes to war«. Darin wehrt der Autor vehement die Behauptung ab, der Krieg sei die Kosten nicht wert gewesen, und argumentiert, die Niederlage Deutschlands sei entscheidend für die Freiheit Europas gewesen. Diese Einstellung reicht anscheinend aus, um sich nicht einmal rudimentär mit der Vorgeschichte befassen zu müssen. Hastings verliert sich gern in Schlachtendetails und geht häufig unvermittelt zum Zweiten Weltkrieg über, um ja keinen Zweifel an der deutschen Aggressivität aufkommen zu lassen.

Nachdem Max Hastings 1963 kurzzeitig im Fallschirmjägerregiment der British Army gedient hatte, studierte er ein Jahr in Oxford. Es folgten Tätigkeiten als Reporter, Korrespondent und Kommentator – u. a. bei *BBC-Television.* Außerdem war er Herausgeber des *Daily Telegraph* und des *Evening Standard.* Neben vielen Auszeichnungen[4] wurde er 2002 in den persönlichen Adelsstand erhoben. Seine feste Überzeugung, dass England keinerlei Schuld am Ersten Weltkrieg zuzuweisen sei, ist durch nichts zu erschüttern, nicht einmal durch die spektakuläre Veröffentlichung des *Guardian* vom Herbst 2013, dass in Hanslope Park, einem Hochsicherheitsareal der beiden Geheimdienste MI5 und MI6 in der Nähe von London, ca. 1,2 Millionen offizielle Akten des britischen Außenministeriums der Öffentlichkeit vorenthalten werden. In mehreren Artikeln wurde darüber berichtet, wie es einer kleinen Gruppe von Historikern gelungen war, eine Führung durch das Geheimarchiv zu erzwingen. Die Oxfordprofessorin Margaret MacMillan, bislang zuverlässig im Mainstream schwimmend, äußerte anschließend, sie müsse ihre Arbeiten über den Ausbruch des Ersten Weltkriegs überdenken.[5] Auf die Frage des *Guardian*, was die Spezialsammlungen uns über die Geschichte sagen könnten, die wir doch zu kennen glaubten, antwortete MacMillan: *»Fragen Sie mich nicht, wer den Ersten Weltkrieg veranlasst hat.«*[6]

Obwohl die Freigabe der Akten inzwischen gerichtlich angeordnet wurde, sollte man nicht zu optimistisch sein. Das Außenministerium

Hochsicherheitstrakt Hanslope Park: Hier verwahrt der britische Geheimdienst über eine Million Akten des Außenministeriums

hat bekanntgegeben, dass 60 000 Ordner mit hoher Priorität während der nächsten fünf Jahre durch 36 sogenannte »Sensitivity Reviewer« geprüft werden sollen. Diese können auch Sperrvermerke erteilen. Nach Berechnungen des *Guardian* dürfte die Überprüfung des Gesamtbestandes bei dem jetzigen Tempo 350 Jahre dauern. So aber werden kritische Stimmen trotz aller Evidenz ihrer Analysen weiterhin diffamiert. Der britische Historiker Terry Boardman, aus dessen Vortrag »Britain's Responsibility in 1914 for World War One?«[7] im Buch mehrfach zitiert wird, gilt als anthroposophischer Geschichtsrevisionist[8] – ist aber nicht angesichts der Geheimhaltungspraxis vor allem der Großmächte eine Geschichtsrevision dringend notwendig? Man denke nicht nur an die weggesperrten Dokumente von Hanslope Park, sondern auch an die 2800 von Donald Trump erst kürzlich freigegebenen Dokumente zum Kennedy-Mord.

Filmregisseur Oliver Stone und Peter Kuznick, Professor für Neuere Geschichte, beschäftigen sich in ihrem 2014 erschienenen Buch »Amerikas ungeschriebene Geschichte – Die Schattenseiten einer Weltmacht« mit der wirtschaftlichen Interessenlage der Zeit vor dem Ersten Weltkrieg: *»Zu den weniger bekannten Fakten der Geschichte gehört, dass ... die Banken des Britischen Empire in der Krise steckten. Das britische Wirtschaftsmodell, das darauf hinauslief, im Interesse des eigenen Überlebens die Volkswirtschaften immer größerer Teile des Erdballs auszubeuten, statt in die heimische Industrie zu investieren, stand vor dem Aus. Immer neue Wirtschaftskrisen kamen und gingen.«*[9] Das junge Deutsche Reich hingegen prosperierte. Es setzte auf industrielles Wachstum aus eigener Kraft und investierte in Bildung und Wissenschaft, sodass es zu einer gefährlichen Konkurrenzmacht für die britische Finanz- und Kapitalelite heranwuchs. England hatte also ein Motiv, den Gegner mit Hilfe der Commonwealth-Staaten auszuschalten. Deutschland aber war für seine Handelsbeziehungen auf Frieden angewiesen.

Stone und Kuznick beantworten die Schuldfrage nicht direkt, zeigen aber auf, was sich lange vor 1914 hinter den Kulissen der offiziellen Politik abspielte. Ihr Buchprojekt wurde von namhaften Wissenschaftlern und Politikern aktiv unterstützt, etwa von Daniel Ellsberg, Gar Alperovitz, Robert Berkovitz, Michael Flynn, Ray McGovern, Roger Morris, Peter Dale Scott, Mark Selden, Howard Zinn, Bob Griffith u. a.

So viel zu den Bestsellern. Im vorliegenden Buch aber werden auch Meinungen und Analysen von britischen sowie amerikanischen Autoren berücksichtigt und, der Chronologie der Ereignisse folgend, präsentiert, denen bislang wenig Aufmerksamkeit geschenkt wurde. Der Autor möchte an dieser Stelle den immensen Rechercheaufwand würdigen, welcher den im Buch genannten Quellen zugrunde liegt. John P. Cafferky etwa wälzte in den Staatsarchiven Berge von Akten. Der Leser ist eingeladen, sein Originalwerk sowie das seiner Kollegen zu lesen, die allesamt in ihrer Beurteilung deutlich weitergehen als Stone und Kuznick. Insgesamt ergibt sich somit ein erschreckend klares Bild der Interessen, Absprachen und Vorgänge, die zum Ausbruch des Krieges führten.

Die Berichte über die hochkomplexen Zusammenhänge der geheimen Strategien vor und während des Ersten Weltkriegs präzise und verständlich zusammenzufassen ist keine Aufgabe, die allein bewältigt werden kann. An erster Stelle danke ich Angelika Eberl für ihre Übersetzungen, die weitere Recherche sowie für ihre konstruktive Mitarbeit. Dann gilt mein Dank natürlich dem Verleger Thomas Röttcher und seinem Team für die hervorragende Aufmachung des Buches und die Kürzungsvorschläge. Schließlich war mir wie immer meine Lebensgefährtin Beate Himmelstoß mit ihrem kritischen Lektorat und ihrem Formulierungsgeschick eine große Hilfe.

Wolfgang Effenberger
Pöcking, den 22. Oktober 2018

Der Analytiker und der Ideologe: John Seeley und John Ruskin

Da der bereits im 19. Jahrhundert beginnende Kampf um Ressourcen und Märkte die Basis für die Interessenlage vor dem Ersten Weltkrieg bildet, richten wir hier zunächst den Blick auf den englischen Historiker John Seeley sowie den Rassenideologen John Ruskin. Ersterer hat das Wachstum des Britischen Empires durch die Kolonisierung und Ausbeutung anderer Länder in seinem erhellenden Buch »Die Expansion Englands« eindrucksvoll beschrieben und analysiert.[10] Und Ruskin lieferte dem Diamantentycoon Cecil Rhodes und seiner »Secret Society« die passende Überlegenheitsideologie sowie die humanitäre Rechtfertigung für ihre imperialistischen Machtpläne.

Um den Weg Englands in den Ersten Weltkrieg zu verstehen, ist ein Blick auf die britische Geschichte seit den Freibeuterzügen von John Hawkins und Francis Drake hilfreich. Hawkins leitete im 17. Jahrhundert den britischen Sklavenhandel auf der Dreiecksroute London, Westafrika, Südamerika. Drake plünderte 1572 die spanische Stadt Nombre de Dios in der Karibik. Zur reichen Beute kamen 40 000 Pfund Silber von einer gekaperten Karavelle hinzu. Queen Elisabeth I. nahm die Summe gern an, adelte Drake und beauftragte ihn mit weiteren Raubzügen. Die Freibeuter schufen so die Voraussetzungen, dass auf den Trümmern der alten europäischen Seemächte wie Portugal, Spanien, Holland und Frankreich das Britische Empire errichtet werden konnte.

John Robert Seeley[11] lehrte von 1869 bis 1895 an der Universität von Cambridge Geschichte, die ihm zufolge sehr viel mit Politik zu tun hat: Entscheidungen der Vergangenheit bestimmen unsere Ge-

Sir John Robert Seeley (1834-1895)

genwart, und ihre Konsequenzen lassen uns Rückschlüsse auf die Zukunft ziehen. Sein Buch »Die Expansion Europas«, das zwei Vorlesungsreihen von 1881/82 zusammenfasst, wurde zu einer Zeit geschrieben, als der britische Imperialismus auf dem Vormarsch war,[12] und ist nach wie vor sehr aufschlussreich. An dieser Stelle soll ein Blitzlicht auf Kapitel VI, »Commerce and War«, genügen.

Die Rivalität um die Neue Welt zwischen den fünf westlichen Seemächten Europas – Portugal, Spanien, Holland, Frankreich und England – ist für Seeley der Hauptgrund für die Kriege der letzten fünf Jahrhunderte. Dies werde von Historikern aber eher vernachlässigt. Durch die Entdeckung Amerikas wurden die europäischen Kämpfe, die selbst kompliziert genug waren, extrem befeuert, und der Kolonialkrieg verflocht sich mit dem großen religiösen Kampf der Reformation.

Schon das 16. Jahrhundert ist von der ständigen Rivalität der Interessen europäischer Seemächte in der Neuen Welt geprägt. Damals dominierten die Entdeckernationen Spanien (Columbus) und Portugal (Vasco da Gama), die dann unter Philipp II. ein Staat wurden. Das große Ereignis, das der Welt den neuen Charakter Englands, seine Bedeutung in der Welt, ankündigte, war der Sieg gegen die spanische Armada. Damit begann ein Kampf auf dem Meer, ein Drama, das im Atlantik, im Pazifik und im Golf von Mexiko endete. Die Freibeuter lösten die Helden des Mittelalters ab und die Ozeane die Schlachtfelder.

Im 17. Jahrhundert traten die drei Seemächte Frankreich, Holland und England im Kampf um die Kolonien auf den Plan. Die Niederländer übernahmen die Führung. Im Verlauf ihres Krieges mit Spanien erhielten sie den größten Teil ehemals portugiesischer Besitzungen, die inzwischen spanisch geworden waren, es gelang ihnen sogar, eine Zeitlang Brasilien zu annektieren. Frankreich und England gründeten bald darauf ihre Kolonien. Nach den Abenteurern Drake und Hawkins kamen Profiteure wie Humphrey Gilbert und Walter Raleigh und mit ihnen die kolonialen Handelsgesellschaften. 1606 unterzeichnete James I. die Charta von Virginia und 1620 die Charta von Neuengland. Die neuen Errungenschaften, Waren und Ressourcen wurden von England stolz präsentiert und zogen die Aufmerksamkeit ganz Europas auf sich.

Während in der Mitte Europas noch der 30-jährige Krieg tobte, versuchte in England Charles I. das Parlament zu entmachten, was zu einem Bürgerkrieg führte. Das war die Stunde von Oliver Cromwell (1599–1658), einfacher Abgeordneter des englischen Unterhauses. Er stellte eine Kavallerietruppe gegen den König auf, die »Ironsides« – die »Eisenharten«. Tatsächlich waren diese bald für ihre Disziplin und ihr unerbittliches Vorgehen auch gegenüber der Zivilbevölkerung bekannt. Cromwell siegte, und Charles I. wurde der Prozess gemacht: Am 30. Januar 1649 wurde der König wegen Mordes und Hochverrats geköpft und England zur Republik erklärt.

Bald darauf begann die blutige Rückeroberung Irlands und Schottlands. Beide Länder, im Prinzip unabhängige Königreiche, mussten sich von Cromwells Truppen besetzen lassen. Nach der Eroberung der irischen Stadt Drogheda wurden auf seinen Befehl hin 3500 Menschen ermordet. Dieses Massaker und die brutale Unterdrückung der Royalisten in Irland belasten noch heute die irisch-englischen und katholisch-protestantischen Beziehungen.

1653 entließ Cromwell sein Kabinett und nannte sich fortan »Lordprotektor von England, Schottland und Irland«; er regierte das »Commonwealth of England« – so die offizielle Bezeichnung der englischen Republik – mittels Militärdiktatur und festigte mit seinen »Navigation Acts«[13] die Vorherrschaft des englischen Handels. Die gesamte Einfuhr außereuropäischer Güter sowie die Fischerei in englischen Gewässern unterstand nun der britischen Flagge. Europäische Waren durften nur auf englischen Schiffen und solchen der Ursprungsländer auf die Insel gelangen. Der einträgliche Zwischenhandel der Niederlande mit England und den englischen Kolonien wurde damit beseitigt und durch den aktiven Handel Englands ersetzt. Diese Maßnahmen, die man heute als Wirtschaftskrieg bezeichnen würde, führten zum ersten Englisch-Niederländischen Krieg (1652–1654).

Im Lauf des 17. Jahrhunderts wandelte sich die koloniale Bedeutung der fünf Staaten: Portugal stieg ab, später auch Spanien, während England und Frankreich entschieden vorankamen. Holland profitierte davon, dass ihm ein Krieg mit Spanien den Zugriff auf die grenzenlosen Besitztümer des Gegners in der Neuen Welt ermöglicht hatte. Durch Eroberung wurde es zur Kolonialmacht und in der Folge reich. Dieses neue Prinzip – Macht durch Eroberung und Plünderung – bestimmte ab dem Protektorat Cromwells die englische Politik, ja es kann fast als Grundlage des englischen Weltreichs angesehen werden.

Nach Cromwell begann eine nach Westen ausgerichtete, eine »ozeanische« Politik – ziemlich rücksichtslos, aber sehr erfolgreich. Unter dem Kommando von Robert Blake, den Cromwell 1649 zum Flottenkommandanten ernannt hatte, beherrschte nun die englische Marine die Meere, sie war fortan das große Instrument der englischen Macht und die stärkste der Welt. Also löste man die schlagkräftige Armee Cromwells auf, als England wieder eine konstitutionelle Monarchie wurde.

Nichts ist gefährlicher als Imperialismus mit ideologischem Sendungsbewusstsein, und der Protestantismus war für Cromwell, was die Ideen der Revolution für Napoleon waren. Obgleich der »Lordprotektor« offiziell einer Republik vorstand, handelte er eigenmächtig und stürzte trotz der Opposition in seinem Rat das Land in einen Krieg mit Spanien – nach Art der alten, elisabethanischen Seeräuber durch einen plötzlichen Überfall auf St. Domingo, ohne vorherige Streitigkeiten und ohne Kriegserklärung. Es ist eine Illusion, zu glauben, sein Puritanismus oder der seiner Partei habe irgendetwas mit modernem Liberalismus zu tun oder sei von einem Widerwillen gegen den Krieg geprägt gewesen.[14] Oliver Cromwell wäre ein religiöser Krieg in Europa *»sehr gelegen gekommen«*[15], zitiert Seeley die englische Historikerin Catherine Macaulay (1731–1791). Diese Gefahr wurde durch seinen Sturz beseitigt. Auf dem europäischen Kontinent wurde die imperialistische Politik indes nur unvollkommen entwickelt, aber in der Neuen Welt etablierte sie sich allmählich und hatte schließlich nachhaltige Folgen.

Seeley verweist auf die Kontinuität von der Elisabethanischen zur Cromwell'schen bis hin zur britischen Politik im 18. Jahrhundert sowie auf die enge Verbindung von Krieg und Handel im alten Kolonialsystem. Das kennzeichnende Merkmal der Commonwealth-Periode in der Mitte des 17. Jahrhunderts ist für ihn daher nicht der Krieg mit Spanien, sondern der mit Holland. Bei ersterem scheint durch seine Gewalttätigkeit und Plötzlichkeit der Geist der neuen Handelspolitik auf, doch wird er fälschlicherweise zumeist als Glaubenskrieg, als Folge der Reformation interpretiert, denn Spanien war die große katholische Macht. Aber Holland? Mit ihm hätte England ja im brüderlich-protestantischen Bündnis stehen müssen! Der Krieg aber ist der Beweis für den wahren Beweggrund: die Handelsrivalität in der Neuen Welt, wie die riesigen Seeschlachten der beiden Nationen beweisen.

Kriege werden selten im großen Zusammenhang betrachtet, was dazu führt, dass häufig Ursachen geltend gemacht werden, die tatsächlich nur zweitrangig waren. Das betrifft insbesondere den Krieg von 1672, für den Charles II. verantwortlich war und der als Beweis für die Unmoral seiner Regierung angeführt wird, die sich mit der katholischen Regierung Ludwigs XIV. verband, um im dynastischen Interesse den protestantischen Brüdern in Holland einen tödlichen Schlag zu versetzen und die oligarchische Fraktion zu stürzen.

Anstatt eine Kehrtwende in der Außenpolitik einzuleiten, folgte Charles hier Präzedenzfällen des Commonwealth (Krieg mit Holland) und von Cromwell (Bündnis mit Frankreich). Dementsprechend wurde seine Regierung von denen unterstützt, die in der Tradition des Commonwealth standen. Der Cromwell-Gefolgsmann Anthony Ashley Cooper benutzte sogar die Worte Catos »Delenda est Carthago« und rief beharrlich zur Zerstörung auf: *»Holland ist unser großer Rivale im Handel, auf dem Ozean und in der Neuen Welt. Lasst es uns zerstören, obwohl es eine protestantische Macht ist, lasst es uns mit Hilfe einer katholischen Macht zerstören.«* Dies waren die Maximen der Commonwealth-Anhänger. Obwohl sie Puritaner waren und sich gegen die Priesterschaft erhoben hatten, wussten sie, dass der Kampf der Kirchen von der Rivalität der Seemächte um Handel und Besitz in der Neuen Welt in den Hintergrund gedrängt wurde. Und so erlebte das 18. Jahrhundert das große Duell zwischen Frankreich und England um die koloniale Vorherrschaft.

Was wäre, fragt Seeley, wenn Amerika so wie Europa aus lauter mächtigen und konsolidierten Staaten bestünde? *»Dann wären unsere Beziehungen zu ihnen ähnlich gewesen wie unsere gegenwärtigen Beziehungen zu China oder Japan. Unsere Vorstöße könnten mit einer gewissen Prüderie aufgenommen worden sein, wie von China; in diesem Fall wäre das Ergebnis entweder gar kein Handel oder der Versuch, ihn zu erzwin-*

gen. Oder die amerikanischen Staaten hätten sich als aufgeschlossen und liberal wie die Japaner erwiesen; dann hätte man vielleicht miteinander verkehrt und Ideen zum gegenseitigen Nutzen ausgetauscht.«[16] Es gab aber nun mal keine solchen konsolidierten Staaten in Amerika außer Mexiko und Peru, die aber sofort von spanischen Abenteurern überwältigt wurden. Die Neue Welt hatte also nicht die Kraft, die Alte Welt auf Distanz zu halten, mit der Folge, dass eine Emigration aus Europa in das riesige, dünn bevölkerte Amerika möglich wurde. Und durch die Einmischung der europäischen Regierungen, durch die Übernahme der Kontrolle aller darin gegründeten Staaten, konnte sich die Neue Welt zu einer gewaltigen politischen Kraft entwickeln. Im Gegenzug änderte diese Entwicklung vollständig die Politik Europas, da sich das materielle Interesse und die Position der fünf großen europäischen Mächte ständig änderten. Seeley zufolge existierte die Neue Welt im 17. und 18. Jahrhundert nicht außerhalb, sondern innerhalb Europas als Prinzip des unbegrenzten politischen Wandels. Durch den Einfluss der Neuen Welt, der mit dem der Reformation konkurrierte, wurde bereits zu Beginn des 18. Jahrhunderts die Reformation in ihrer Wirkung auf die Politik der europäischen Staaten übertragen.

Die ewigen Kämpfe im 18. Jahrhundert zwischen England und Frankreich werden nach Seeley viel zu sehr aus einem ausschließlich europäischen Blickwinkel betrachtet. Ein gutes Beispiel dafür ist der Siebenjährige Krieg – im englischen Sprachraum zutreffend als »Indian War« bezeichnet. Bis heute ist weitgehend unbekannt, dass es damals hauptsächlich um die britisch-französische Rivalität in der Neuen Welt ging. Bis 1753 hatten die Franzosen die kanadische Neufrankreich-Provinz am Sankt-Lorenz-Strom errichtet und begannen zusammen mit verbündeten Indianern, sich des Ohiotales zu bemächtigen und Forts anzulegen, was eine Ausdehnung der englischen Kolonien nach Westen zu verhindern drohte. Das musste verhindert werden! Doch ein Angriffsplan der englischen Führung im Auftrag der Handelsherren zur Beseitigung der französischen Kolonialherrschaft in Nordamerika scheiterte kläglich.

Während London kriegerische Handlungen im Mittelmeerraum und in Indien einleitete – der Beginn des ersten weltweiten Eroberungskrieges der modernen Geschichte –, sah es sich nach geeigneten Verbündeten in Europa um. Infrage kamen Österreich, Russland und Preußen. Ihnen war die Aufgabe zugedacht, das französische Kontinentalheer zu beschäftigen, sodass sich die Briten im Schutze ihrer starken Flotte auf den Kolonialkrieg konzentrieren konnten. Ein Bündnis mit Österreich wurde verworfen, da es einen Krieg gegen Preußen zur Folge gehabt hätte und in jedem Fall sehr teuer gekommen wäre. Auch stand nicht fest, ob die Österreicher zu Kriegshandlungen gegen Frankreich bereit wären.

Preußen schien da die bessere Wahl zu sein. Doch König Friedrich II. hatte Angst, dass *»ein europäischer Brand aus der Kriegsflamme entstehen könnte, die sich im amerikanischen Wald entzündet hatte«*[17]. Um den Frieden zu sichern, schloss er am 16. Januar 1756 die Westminster-Konvention, einen Garantievertrag mit George II. von England. *»Friedrich glaubte so, den russischen Bären an die englische Kette gelegt zu haben, und meinte, die Kriegsgefahr wäre beseitigt, weil ohne die Unterstützung Russlands auch Österreich keinen Krieg wagen würde.«*[18] Doch seine Rechnung ging nicht auf, *»denn er hatte die Abhängigkeit Russlands von England über- und die Empörung des französischen Hofes über die preußische Annäherung an England unterschätzt«*[19].

Die Verstimmung in Paris und in Petersburg löste eine österreichisch-russisch-französische Koalition aus, die im Sinne Englands war. Am 5. April 1756 willigte Zarin Elisabeth in den österreichischen Kriegsplan ein, gemeinsam Preußen anzugreifen. Österreich bot Frankreich die österreichischen Niederlande an, sobald Schlesien und die Grafschaft Glatz von Preußen zurückerobert seien. Preußen sollte auf das Maß eines Kurfürstentums zurückgeschnitten werden. Nun war Preußen isoliert, und Friedrich II. blieb nichts anderes mehr übrig, als sich mit England zu verbünden. Militärische Hilfe war nicht zu erwarten. Ein großzügiger Subsidienvertrag sah jedoch die Zahlung jährlicher Hilfsgelder vor.

Tatsächlich kam es nun zu einem europäischen Brand, bei dem zwar auch die österreichisch-preußischen Rivalitäten ausgetragen wurden, die in der Eroberungspolitik Preußens während des Österreichischen Erbfolgekrieges begründet waren; in erster Linie jedoch ging es um den französisch-englischen Kampf um die Vormacht zur See und die Vorherrschaft in den indischen und nordamerikanischen Kolonien. Auch standen Handelsinteressen von ungeheurem Ausmaß auf dem Spiel. Es ging um Märkte und billige Rohstoffquellen, um Besitz in ganz anderen Dimensionen als in Europa.

Indem die französischen Truppen auf dem europäischen Kriegsschauplatz gebraucht wurden, gelang es den Briten, 1760 Kanada zu erobern, ebenso den letzten bedeutenden französischen Stützpunkt in Indien.[20] Im Dezember 1761 waren die englischen Kriegsziele im Wesentlichen verwirklicht, also wurden die Zahlungen der Hilfsgelder an Preußen eingestellt, das aus der Sicht Englands seine Aufgabe vortrefflich erfüllt hatte. Nun lag es, wie Friedrich selbst eingestehen musste, *»in der Agonie und erwartete die letzte Ölung«*[21]. Das interessierte England, das von diesem Krieg nur profitiert hatte, gar nicht. Ein halbes Jahrhundert später trat eine neue französische Bedrohung auf: Napoleon.

Napoleons große Eroberungen waren, so John Seeley, nicht die, die er eigentlich machen wollte. Sein Ehrgeiz richtete sich vor allem auf die Neue Welt – der Verkauf von Louisiana 1803 änderte daran wenig. Napoleons Expeditionsarmee stand in der französischen Kolonie Saint-Domingue, heute Teil der Republik Haiti, vor einer Niederlage. So wurde der Verkauf als Geste des guten Willens gegenüber den USA und als strategischer Schachzug gesehen, denn ein starkes Amerika konnte beim Entscheidungskampf als Puffer gegen Großbritannien dienen. Möglicherweise erhoffte sich Napoleon auch die Unterstützung der USA bei seiner Seeblockade gegen England. Jedenfalls führte er den Verkaufserlös seiner Kriegskasse zu und strebte vorerst die Kontrolle über Europa an. Er träumte davon, das Britische Empire zu stürzen und Frankreich zu neuer Größe zu führen. Napoleons Eroberungen in Europa wurden also sozusagen zufällig gemacht, sie waren für ihn immer Ausgangspunkt für einen neuen Angriff auf England.

Denn England wurde immer mächtiger. Seeley schreibt: *»Schon im Elisabethanischen Zeitalter hat England seinen modernen Charakter erkannt, und seine Expansion war weder ein ruhiger Prozess, noch fand sie erst in jüngster Zeit statt. Während des ganzen 18. Jahrhunderts war diese Expansion ein Prinzip der Störung, die Ursache von zahllosen Kriegen.«*[22] Auch William III. setzte Cromwells Politik fort, sodass Englands Macht immer weiter wuchs – durch Kriege wie durch den Handel. Immer noch meint man, es gäbe einen natürlichen Zusammenhang zwischen Handel und Frieden, und die Kriege des modernen Englands seien auf den Einfluss einer Feudalaristokratie zurückzuführen. Aristokraten, so heißt es, lieben den Krieg, während sich der Geschäftsmann natürlich Frieden wünscht, damit er ungestört seinem Tagwerk nachgehen kann. Seeley aber sieht die Eroberungskriege als direkte Folge des Handels mit Indien – der im Grunde nichts anderes als Ausbeutung war –, er spricht gar von einer gegenseitigen Abhängigkeit von Krieg und Handel in der englischen Geschichte des 17. und 18. Jahrhunderts.

Die Kriege des 18. Jahrhunderts wertet Seeley als unvergleichlich größer und belastender als die des Mittelalters. England wurde in der Tat immer kriegerischer, je kommerzieller es wurde. Das alte Kolonialsystem begünstigte beides, Krieg und Handel. Denn indem sich Länder der Ausbeutung ihrer Ressourcen verweigerten, kam es zum Krieg. An dieser Stelle verweist Seeley auf die Erfahrungen mit China. Der Handel hätte wohl auch ohne Kriege gesteigert werden können, wenn die Neue Welt aus einer Reihe liberaler Staaten bestanden hätte, die dem Verkehr mit Fremden offen gegenüberstünden, oder wenn die europäischen Kolonien dort ein liberales System angestrebt hätten. Aber die kolonisierenden Nationen betrachteten besetztes Territorium als ihr Eigentum.

Die Hoffnung auf profitable Kolonien war jahrhundertelang der größte Stimulus für die fünf Nationen des Westens, und sie gerieten durch ihr Streben nach Reichtum in einen eifrigen Wettbewerb um Territorien, das führte naturgemäß zu Streitigkeiten. Hinzu kam die internationale Rivalität im beginnenden Industriezeitalter. Das Ziel jeder Nation bestand nun darin, den Handel zu steigern, und zwar durch Inbesitznahme eines reichen Gebiets in der Neuen Welt. Ein solches »Geschäftsmodell« aber ist identisch mit Krieg.

Die englischen Seekapitäne waren eine Art Freibeuter: *»... in der Tat war der Krieg für England eine Industrie, ein Weg zum Reichtum, das blühendste Geschäft, die profitabelste Investition der Zeit. Der Krieg gegen Spanien war sozusagen die Kinderstube des englischen Außenhandels. Die erste Generation von Engländern, die überhaupt Kapital investierte, steckte es in diesen Krieg. So wie wir jetzt unser Geld in der Eisenbahn anlegen, so beteiligte sich der eifrige Geschäftsmann an neuen Schiffen, auf denen John Oxenham oder Francis Drake herumliefen und auf Schatzgallonen lauerten oder spanische Städte im Golf von Mexiko überfielen.«*[23] Solcherart waren Handel und Krieg untrennbar miteinander verflochten. Dieser Tatsache verdankt Holland seinen Wohlstand, der ja doch eigentlich verblüffen könnte. Denn ein langer Krieg ist normalerweise eine ruinöse Sache, besonders für einen kleinen Staat – und doch hat Holland durch einen achtzigjährigen Krieg mit Spanien sein Glück gemacht.

In England folgte auf den großen Kampf mit Holland eine enge Allianz mit Holland, sichtbar an der Karriere von William von Oranien, der sowohl die Niederlande als auch England, Schottland und Irland regierte. Aus heutiger Sicht erscheint dies wie eine vorübergehende Wiederbelebung der Reformationskämpfe des 16. Jahrhunderts: Durch die Aufhebung des Edikts von Nantes[24] wurde die Welt in die Religionskriege zurückgeworfen. Noch einmal ging es um Katholizismus oder Religionsfreiheit, und die Handelsrivalität in der Neuen Welt wurde erst einmal vertagt. Noch einmal standen die beiden protestantischen Mächte Schulter an Schulter gegen Frankreich.

Seeley stellt einleuchtend dar, dass der Profit durch die Ausbeutung der Kolonialstaaten der wichtigste Antrieb in der neuzeitlichen Geschichte war – und dass England auf diese Weise zur Weltmacht Großbritannien wurde. Was würde er wohl zu den heutigen Kriegen sagen? Sein Buch war ein großer Erfolg und sicherte ihm eine Reihe von Bewunderern unter imperialistischen Politikern, Journalisten und Wirtschaftsführern, von Lord Rosebery und William Thomas Stead bis zu Alfred Milner und Cecil Rhodes.[25] Innerhalb von zwei Jahren wurden 80 000 Exemplare verkauft. Neuauflagen erfolgten etwa 1917, 1919, 1931 und 1971. 2005 kam ein Reprint auf den Markt. Für ein akademisches Buch erregte es ungeheures Aufsehen. Der Historiker G. P. Gooch nannte es gar *»die Bibel der britischen Imperialisten«*[26]. Die deutsche Kronprinzessin Victoria – Mutter des späteren Kaisers Wilhelm II. – schrieb im Mai 1884 ihrer Mutter Queen Victoria: *»Wie sehr wünschte ich, liebe Mama, du würdest die-*

ses bewundernswerte kleine Buch, The Expansion of England, von Prof. Seeley lesen!! Es ist wunderbar und so staatsmännisch, so weitsichtig, klar und gerecht.«[27] Auch der englische imperialistische Politiker Joseph Chamberlain war beeindruckt; er erzählte, er habe Seeleys Buch seinen Sohn Austen nach Cambridge geschickt, weil Seeley dort lehrte.[28]

Der Autor und Kunstkritiker John Ruskin (1819–1900) war nicht so objektiv wie sein Zeitgenosse Seeley. Mit seiner rassistischen Ideologie prägte er maßgeblich das Umfeld des Imperialisten Cecil Rhodes. Ruskin sah in den Gebäuden und der Kunst eines Volkes den Ausdruck ihrer Religion, ihrer Moral und ihrer sozialen Prägung. Kunst sollte nach seinem Verständnis im sozialen und politischen Kontext wahrgenommen werden – die gebaute Umwelt einer Gesellschaft sei direktes Ergebnis des herrschenden Zeitgeistes.

20 Jahre vor Seeleys »Expansion of England« erschien Ruskins vielbeachtetes Buch »The Stones of Venice« – »Die Steine von Venedig«. Dabei handelt es sich um weit mehr als nur Architekturkritik. Ruskin zeigt darin Aufstieg und Fall der Seemacht Venedig auf. Sein Fazit: Ein größerer britischer imperialer Staat ist der einzige Weg, um mit den aufstrebenden Supermächten zu konkurrieren. Ruskin prophezeite seinen Studenten, dass die englische Upper Class dem Untergang geweiht sei, falls es nicht gelänge, die unteren Klassen des gesamten Empires nach ihren Werten zu erziehen. Ruskin: *»Noch sind wir nicht rassisch degeneriert, in uns fließt bestes nordisches Blut.«*[29] Deshalb müsse sich England durch Kolonisierung jedes nur mögliche Stück Land einverleiben, um seine Macht zu vergrößern, denn es sei zur Weltherrschaft vorherbestimmt. *»... es muss sein, es liegt an uns, jetzt: Herrsche oder sterbe!«*[30]

Das war Wasser auf die Mühlen der Imperialisten, zu denen auch der junge Cecil Rhodes gehörte, welcher in den 1870er-Jahren an der

Oxford University studierte. Dort war er schnell von der Denkweise Ruskins eingenommen, des frisch gekürten Professors der schönen Künste. Rhodes betrachtete Ruskins Ideen zeitlebens als Inspirationsquelle für sein Handeln. Und er trat auch auf der gesellschaftlichen Ebene für dessen Sichtweise ein: Freiheit, Gleichheit und Selbstbestimmung der Bürger oder gar ein Wegfall der Klassengrenzen – das waren für Ruskin liberalistische Hirngespinste. Die Masse sollte sich zwar bilden und Anstand, Pflichtgefühl sowie Selbstdisziplin entwickeln, doch vor allem sollte sie der Obrigkeit gehorchen und die Autorität der herrschenden Klasse nicht infrage stellen.[31]

Hinter Ruskins wohlgewählten Worten stand eine geistige Haltung, die Frauenrechte ebenso ablehnte wie die Demokratie und die »gerechte« Kriege befürwortete.[32] Die Kontrolle des Staates solle auf eine kleine herrschende Klasse beschränkt bleiben und die soziale Ordnung an der Autorität der Obrigkeit ausrichten.[33] Während Reginald B. Brett – später »Lord Esher«, die Graue Eminenz der Vorkriegspolitik – und Cecil Rhodes ihm zuhörten, mussten sie glauben, einen Freifahrtschein zu erhalten, um die gesamte »unzivilisierte Welt« unter britische Herrschaft zu bringen.[34]

Cecil Rhodes: Praktische Umsetzung der Idee einer angelsächsischen Weltherrschaft

Cecil Rhodes wurde am 5. Juli 1853 als Sohn eines Pfarrers in England geboren. Mit 17 Jahren ging er nach Südafrika, um auf der Baumwollplantage seines Bruders im Landesinneren der Kapkolonie zu helfen. Bald zog es ihn in das 400 Meilen entfernte Colesbergkopje, wo es Diamanten gab.

1873 nahm Rhodes am Oriel College in Oxford sein Studium auf. Durch den Einfluss von John Ruskin und Windom Reade (»The Martyrdom of Man«, 1872), die beide unter Verweis auf Charles Darwin eine elitäre Evolutionstheorie vertraten, reifte in Rhodes die Überzeugung, dass ein unergründlicher Gott die Evolution dazu bestimmt habe, eine vollkommene Menschheit hervorzubringen. So erkläre sich der Aufstieg der angelsächsischen Rasse, welche zur Herrschaft bestimmt sei. Rhodes glaubte, sein Schicksal liege darin, den Triumph des Britischen Weltreichs zu beschleunigen, was sich zu einer Art Quasireligion entwickelte. 1877 wurde er in die Oxforder Apollo-Loge als Freimaurer aufgenommen, zudem in die Loge der Schottischen Hochgradmaurerei in Oxford, die Prince Rose Croix Lodge No. 30.[35] Dies veranlasste ihn wohl, sein »Glaubensbekenntnis« niederzulegen. Hier ein Auszug:

»Ich verfechte, dass wir die vortrefflichste Rasse der Welt sind und dass es für die Menschheit umso besser ist, je mehr wir uns ausbreiten ... Ich behaupte, dass jeder Hektar, der unserem Territorium hinzugefügt wird, die Geburt weiterer Nachkommen des englischen Volkes bedeutet, die ohne den Erwerb neuer Gebiete nicht ins Leben gerufen würden. Hinzu kommt, dass die Aufnahme des größeren Anteils der Welt unter unsere Herrschaft schlicht das Ende aller Kriege bedeutet. ... Warum sollte man nicht eine

Geheimgesellschaft gründen mit dem einzigen Ziel: Förderung und Erweiterung des Britischen Empires, Unterordnung der gesamten unzivilisierten Welt unter britische Herrschaft und Rückgewinnung der Vereinigten Staaten für die Herstellung eines Imperiums der angelsächsischen Rasse? Afrika liegt noch immer bereit für uns; es ist unsere Pflicht, es zu übernehmen. Es ist unsere Pflicht, jede Gelegenheit zu ergreifen, mehr Land zu erwerben, und wir sollten uns ständig vor Augen halten, dass mehr Territorium einfach mehr von der angelsächsischen Rasse bedeutet, mehr von der besten, menschlichsten und ehrenhaftesten Rasse, die die Welt besitzt.«[36]

Nach John P. Cafferky, Autor des Buches »Lord Milner's Second War. The Rhodes-Milner Secret Society, the World War I and the Start of New-World Order« strebte Rhodes eine angloamerikanische Weltherrschaft an. Cafferky schreibt: *»Rhodes Traum vermischte Sozialdarwinismus mit Rassismus und Größenwahn, und zum Leidwesen der Menschheit besaß er Entschlossenheit und Charisma, um diesen Traum zu verwirklichen ...«*[37]

Cecil Rhodes erwarb in Südafrika ein Vermögen, damit füllte er die Schatzkammer einer von ihm gegründeten Geheimgesellschaft, der »Society of the Elect« – »Gesellschaft der Erwählten« –, deren inneren Kern er in London rekrutierte. Zunächst war das William T. Stead, der prominenteste Journalist seiner Zeit. Er schied 1890 bei der *Pall Mall Gazette* aus und brachte mit dem Geld von Rhodes die *Review of Reviews* heraus. 1891 beauftragte Rhodes Stead und Rothschild, seinen Nachlass zu verwalten. Im Herbst sandte er Stead Anweisungen für die *»Schaffung einer geheimen Gesellschaft«*, die *»allmählich den Reichtum der Welt absorbieren sollte«.*[38] Offenbar hielt er seinen immensen Reichtum nicht für ausreichend, um die Geheimgesellschaft zu finanzieren, denn eine der Anweisungen lautete: *»Sicherstellung des notwendigen Vermögens«* – Rhodes benutzt den englischen Begriff »to seize«, was auch heißt: »ergreifen, greifen, in Besitz nehmen, beschlagnahmen«.

Ende 1891 bestand Rhodes' »Society of the Elect« aus folgenden Mitgliedern: Cecil Rhodes, William T. Stead, Reginald B. Brett, Arthur Balfour – Neffe und politischer Erbe von Lord Salisbury (eher Ehrenmitglied), Albert Grey – er brachte den Einfluss der Familie Grey in die Gruppe und rekrutierte seine Cousins Edward Wood, den späteren Lord Halifax, und Sir Edward Grey, von 1906 bis 1916 britischer Außenminister–, Lord Selborne – Schwiegersohn von Lord Salisbury – und nicht zuletzt Alfred Milner (1854–1925), dem späteren Hochkommissar für das Südliche Afrika und Premierminister der Kapkolonie. Milner wurde als Sohn eines Arztes, dessen Eltern nach Deutschland ausgewandert waren, und der Tochter eines britischen Generals geboren und studierte in Tübingen und Oxford, wo er 1877 seinen Abschluss machte.

John P. Cafferky schreibt: *»Rhodes' Geheimbund unterschied sich von seinen viktorianischen Gegenstücken durch die ungewöhnliche Einheit und Treue der drei fähigsten Mitglieder des inneren Kerns – Rhodes, Milner und Brett (Esher). Diese drei widmeten sich dem imperialistischen Traum von Rhodes. In den ersten Jahren florierte die Gruppe dank Rhodes' Fähigkeit, in großen Dimensionen zu denken und zu träumen, und dank seiner Entschlossenheit, seine Träume zu verwirklichen. Er versorgte die Gesellschaft mit den nötigen finanziellen Mitteln, aber noch wichtiger ist, dass Rhodes ihr Wachstum förderte. Er litt an einer Herzkrankheit, und die Aussicht auf einen frühen Tod trieb ihn an, seinen Nachfolger zu schulen. Dieser einzigartige Umstand ermöglichte es dem visionären Genie von Rhodes, sich problemlos mit dem praktischen Genie von Milner zu verbinden ...«*[39]

Nach dem frühen Tod von Cecil Rhodes sorgte Alfred Milner klug und umsichtig für die Umsetzung von Rhodes' Vermächtnis. So sammelte er z. B. blutjunge Hochschulabsolventen um sich, »Milners Kindergarten« genannt, und schleuste sie gezielt in wichtige politische Positionen.

Kronprinz Edward und Papst Leo XIII.: Visionen eines neuen Kurses

In den Büchern heutiger Historiker wie Hastings, Owen oder Lambert taucht der Name von Papst Leo XIII. überhaupt nicht auf. Auch Christopher Clark erwähnt ihn nur im Zusammenhang mit der morganatischen Ehe des österreichisch-ungarischen Thronfolgers Franz-Ferdinand. Die Konspiration von Kronprinz Edward und dem Vatikan – motiviert durch die Rebellion gegen seine Mutter Queen Victoria, die ihn für einen Taugenichts hielt – ist aber so wichtig, dass hier ausnahmsweise auf eine nichtangelsächsische Quelle zurückgegriffen werden muss, nämlich auf E. A. Adamovs Buch »Die Diplomatie des Vatikans zur Zeit des Imperialismus« aus dem Jahr 1932.

Anfang 1887 war man im allerengsten Kreis um den Prinzen von Wales, dem u. a. Lord Salisbury, Lord Randolph Churchill – der Vater Winston Churchills –, der Herzog von Norfolk, Reginald B. Brett und das Haupt des Hauses Rothschild[40] angehörten, über die steigende wirtschaftliche und militärische Macht Deutschlands beunruhigt. Man hielt einen Krieg für unvermeidbar, und es entstand der geheime Plan, eine französisch-russische Allianz gegen die Mittelmächte zustande zu bringen und England daneben neutral erscheinen zu lassen, gleichzeitig aber der französisch-russischen Allianz die volle Unterstützung Englands im Kriegsfall zuzusichern.[41] Der Plan schien damals völlig utopisch. Außerdem würde ein frankreichfreundlicher Kurs in der englischen Öffentlichkeit Befremden hervorrufen. Nichtsdestotrotz erhielt ein Vierteljahrhundert vor Ausbruch des Ersten Weltkriegs die politische Kräftekonstellation von 1914 erste Umrisse ...

Am 31. März sandte der russische Botschafter in Paris, Arthur von Mohrenheim, die Pläne unter dem Vermerk »Streng geheim« an das Petersburger Außenministerium. Er scheint bewusst ins Vertrauen gezogen worden zu sein, um die russische Regierung über die Überlegungen, die immerhin von maßgeblichen Persönlichkeiten Englands stammten, diskret in Kenntnis zu setzen. Erst im Jahr 1932 wurden die Pläne bekannt, als die Geheimakten des zaristischen Außenministeriums der Öffentlichkeit zugänglich gemacht wurden.[42] Die Vertreter aus Wirtschaft und Hochfinanz, Diplomatie und Militär konzipierten also bereits 1887 zusammen mit Kronprinz Edward eine Strategie für das 20. Jahrhundert, die als »neuer Kurs Englands« in die Geschichte eingehen sollte. Diese Clique war damals nicht direkt an der Macht, hatte aber bereits großen Einfluss auf tonangebende Persönlichkeiten in Europa und konnte durch Instrumentalisierung der Presse die öffentliche Meinung manipulieren. Das alles war in Berlin nicht bekannt. Edward galt in erster Linie als Lebemann, der sich gern in Pariser Salons bewegte und dem Queen Victoria keinen Einblick in die Staatsgeschäfte gewährte. Dass England sich im Fall eines europäischen Krieges hinter Frankreich stellen würde, schien undenkbar, standen beide doch im Zeitalter des Imperialismus in scharfem Konkurrenzkampf.

König Edward VII. 1903 auf Audienz bei Papst Leo XIII.

Anfang September 1887 traf sich Lord Salisbury in Dieppe mit dem französischen Diplomaten Graf Chaudordy zu einem Gedankenaustausch. Da Salisbury Gegenspieler des einflussreichen Premiers

William E. Gladstone war, der wiederum treu unter Queen Victoria diente, war die Sache pikant. Die beiden Politiker erörterten die Grundlinien der späteren Ententepolitik, wobei die Frage einer russisch-französischen Annäherung eine große Rolle spielte.[43]

Der visionäre Kreis um den Prinzen von Wales kam schließlich noch auf die geniale Idee, den Vatikan als stillen Partner bei der Zusammenführung Russlands mit Frankreich zu gewinnen. Dazu reiste der katholische Herzog von Norfolk, ein enger Freund Salisburys, nach Rom und unterrichtete Leo XIII. von den Bündnisplänen.[44] Der Papst und sein Kardinalstaatssekretär Rampolla nahmen die Information mit größtem Interesse auf, und noch im Jahr 1887 kam es zu einem grundsätzlichen Politikwechsel des Vatikans. Bisher hatte die katholische Kirche die »Freimaurerrepublik« Frankreich bekämpft, die Revolution verurteilt und den Widerstand der französischen Monarchisten gegen die bürgerliche Demokratie unterstützt. Jetzt befahl der Papst den französischen Katholiken, sich der Dritten Republik zu fügen. Gleichzeitig verfügte er, dass sich die polnischen Katholiken dem orthodoxen Russland zu unterstellen haben. So förderte er im Hintergrund ein Bündnis zwischen Frankreich und Russland. Dabei hatte er im französischen Botschafter beim Heiligen Stuhl, Graf Lefêbvre, einen willigen Helfer.[45]

Die russische Regierung erkannte, dass der Vatikan bereit war, die Auseinandersetzung zwischen Petersburg und Rom wegen der zaristischen Maßnahmen gegenüber der katholischen Kirche in Russisch-Polen zurückzustellen, und schickte im März 1888 den jungen ausgefuchsten Diplomaten Alexander Petrowitsch Iswolski (1856–1919) als Unterhändler zum Papst, der Iswolski einen unerwartet herzlichen Empfang bereitete.[46] Leo XIII., so Iswolski, habe sofort von einem Bündnis des Zarenreiches mit dem Vatikan gesprochen, das *»die Erreichung der höchsten staatlichen Ziele Rußlands nur erleichtern kön-*

ne«[47]. Nach Ansicht des Papstes sei Russland dazu berufen, *»die Rolle des Herrn über Krieg und Frieden zu spielen«*[48]. Dass Iswolski Freimaurer war,[49] schien für Leo XIII. kein Hindernis zu sein.

Zweifellos hat Salisbury, der anderthalb Jahre zuvor Chaudordy über die Ziele des Prinzen von Wales informiert und Norfolk zum Vatikan geschickt hatte, den Stand der Verhandlungen im Vatikan genau gekannt; er erwartete den Abschluss der projektierten und durch England gestützten französisch-russischen Allianz. Für Papst Leo XIII. bedeutete der Abschluss des Zweibundes eine große Genugtuung. Ihm erschien die Begeisterung der Franzosen für die Freundschaft mit dem Zarenreich als *»Morgenröte einer Zeit der geistigen Wiedergeburt«*[50]. Lenin fasste prägnant zusammen: *»Französischer Cäsarismus plus russischer Zarismus gegen das nichtimperialistische Deutschland«*[51]; damit hat er die Situation zu Beginn der 1890er-Jahre wohl treffend charakterisiert. Iswolski spielte bei der Vorbereitung des Ersten Weltkriegs eine bedeutende Rolle, nicht nur weil er am französisch-russischen Bündnis mitwirkte, sondern auch weil er später, ab 1897, als russischer Botschafter in Serbien agierte und dann als Außenminister (1906–1910) die österreichisch-russischen Spannungen auf dem Balkan zu verschärfen verstand.

Bismarck muss die Entwicklung in England erahnt haben. Am 7. April 1888 – Friedrich III. war Deutscher Kaiser – stellte er fest, dass Menschlichkeit, Frieden und Freiheit immer ein Kriegsvorwand sei, *»wenn es nicht Christentum und Ausbreitung der Segnungen der Gesittung unter Wilden und Halbbarbaren sein kann, zur Abwechslung. In Wahrheit aber schrieben die Times und die Königin im Interesse von England, das mit dem unseren nichts gemein hatte. Das Interesse Englands ist, daß das Deutsche Reich mit Rußland schlecht steht, unser Interesse, daß wir mit ihm so gut stehen, als es der Sachlage nach möglich ist.«*[52]

Der schmachvolle und schmutzige Burenkrieg (1899-1902)

Der amerikanische Historiker und Zivilisationstheoretiker Caroll Quigley (1910–1977), der in Harvard und Princeton lehrte und u. a. Mentor von Ex-US-Präsident Bill Clinton war, hat in seinem Monumentalwerk »Tragedy and Hope« den Burenkrieg als das bedeutendste Ereignis in der britischen Geschichte bezeichnet. In der Tat bildet dieser Krieg in seiner Brutalität hinsichtlich der militärischen Mittel sowie der schonungslosen Behandlung und Instrumentalisierung der Zivilbevölkerung – verbrannte Erde, Geiselnahme, Konzentrationslager – die Blaupause für die menschenverachtende Kriegsführung im 20. Jahrhundert.

Im Oktober 1999 jährte sich der Ausbruch des Zweiten Burenkriegs zum hundertsten Mal. Aus diesem Anlass brachte die *BBC* eine zweiteilige Sendung mit dem Titel »Der Burenkrieg«.[53] Verantwortlich zeichnete der Historiker Denis Judd, Autor des Buches »Empire: The British Imperial Experience, from 1765 to the Present«. Der erste Teil der Sendung ging der Frage nach, ob es ein reiner »Krieg der Weißen« gewesen sei, während der zweite den Einsatz von Konzentrationslagern durch die Briten unter die Lupe nahm.

Die Entdeckung von Gold in Transvaal – einer der von Buren kontrollierten Republiken – sei der entscheidende Grund für den Ausbruch des Kriegs gewesen, so wird es in dem Film dargestellt. Für Großbritannien sei die Versuchung, einzugreifen, einfach zu groß gewesen. Seine Interventionsabsichten habe es damit gerechtfertigt, dass es die »Uitlanders« schützen müsse. Uitlanders ist das holländische Wort für Ausländer, damit waren Briten und andere Europäer gemeint, die nach der Entdeckung des Golds wie die Heuschrecken in Transvaal einfielen.

Diese Sicht vereinfacht die Dinge aber zu sehr. Zweifellos spielte das wirtschaftliche Interesse an den wertvollen Bodenschätzen in den Burenrepubliken eine Rolle, es wurde aber überlagert von den geopolitischen Interessen Großbritanniens in Afrika. Und die führten schon früh zu einer Rivalität mit Holland. Denn dem Kap von Südafrika kam wegen der strategischen Lage und als wichtige Versorgungsstation für Schiffe auf dem Weg nach Indien große Bedeutung zu. Deshalb ließ sich die Niederländische Ostindien-Kompanie 1652 mit holländischen Siedlern dort nieder. Mit eben demselben Anliegen kamen zu Beginn des 19. Jahrhunderts auch britische Siedler. Und die expansive Politik Englands führte schnell zu Konflikten mit den Buren. Das Ziel Großbritanniens war es, den Buren das Kapland streitig zu machen. Zwischen 1835 bis 1841 konnten sich die Buren noch der Annexion und Eingliederung in das Britische Empire widersetzen. Doch auf Dauer vermochten sie dem Druck nicht standzuhalten, und so sahen sie sich in den nördlichen Regionen des Kaplandes nach neuen Siedlungsmöglichkeiten um. Ihr Umzug ging als der Große Treck in die Geschichte ein. Als Ergebnis wurden die Burenrepubliken Natal, Transvaal und Oranje-Freistaat gegründet.

1843 annektierten die Briten Natal, den Buren blieben die beiden anderen Republiken. 1881 entsandte London ein Expeditionskorps, um sie zu unterwerfen. Doch der Erste Burenkrieg endete nach nur drei Monaten mit einer schmachvollen Niederlage Englands bei Majuba Hill. Die Entdeckung großer Goldvorkommen im Jahr 1886 schwemmte tausende, zumeist englische Glücksritter in die Transvaalregion und weckte das Interesse von Geschäftsleuten in der Londoner City. Als die Einwanderer, die schon bald die Mehrheit in beiden Republiken stellten, die politische Gleichstellung forderten, lehnten die Buren dies in Erinnerung an das britische Vorgehen in Südafrika jedoch ab.

Zum vorläufigen Höhepunkt kam es schließlich Ende 1895, als eine Gruppe englischer Söldner im Auftrag von Cecil Rhodes, Premierminister der Kapkolonie, und mit Wissen von Kolonialminister Joseph Chamberlain in Transvaal einfielen, um Präsident Paul »Ohm« Krüger zu stürzen. Dieser frühe Regime Change sollte Großbritannien den Vorwand zur Annexion liefern.[54] Der sogenannte »Jameson Raid«[55] scheiterte indes. Geschichtsträchtig wurde in diesem Zusammenhang ein Telegramm von Kaiser Wilhelm II. In der »Krüger-Depesche« gratulierte er Präsident Krüger zur Vereitelung des Umsturzversuchs. Ein willkommener Anlass für die Rhodes-Milner-Presse, gegen das Deutsche Reich zu hetzen!

Im späten 19. Jahrhundert hatten die europäischen Mächte – vor allem Frankreich und Großbritannien – in einem Wettlauf Afrika unter sich aufgeteilt. Großbritannien kontrollierte das Kap, also die gesamte südliche Küste samt Natal. Deutschland hatte 1884 die Herrschaft über Südwestafrika (Namibia) nordwestlich der Kapkolonie übernommen, und Portugal kontrollierte Mosambik. Das störte Großbritanniens strategisches Interesse. Es galt, in nördliche Richtung zwischen beiden vorzustoßen.

Von den Burenstaaten ging zwar keine Gefahr aus, sie standen aber künftigen Eroberungen im Wege. Auch wollte Großbritannien sicher-

Geopolitische Interessenkonflikte im südlichen Teil Afrikas

stellen, dass den Buren der Zugang zum Meer versperrt blieb, um zu verhindern, dass sie unabhängig vom britischen Einfluss operieren konnten. Daher eignete sich Großbritannien 1868 das Basutoland (ab 1966 Botswana) an, das 1871 in die Kapkolonie eingegliedert wurde. Am 30. September 1885 annektierten britische Truppen das Betschuanenland, das zehn Jahre später mit der britischen Kapkolonie vereinigt wurde. Gleiches Schicksal widerfuhr 1887 dem Zululand und 1895 dem Tongaland. Der Vorstoß der Buren zum Indischen Ozean wurde damit unterbunden und Transvaal und der Oranje-Freistaat isoliert. Die militärische Intervention in Transvaal war dann nur noch die logische Schlussfolgerung aus der Politik der vorangegangenen 30 Jahre.

Die imperialen Ziele Großbritanniens in Afrika blieben Burenpräsident Krüger natürlich nicht verborgen, und so signalisierte er im Frühjahr 1899 bei der Konferenz von Bloemfontein sein Entgegenkommen in Fragen des Wahlrechts für die Uitlanders. Alfred Milner tat jedoch alles, um Kolonialminister Chamberlain und die britische Presse gegen Krügers Kompromissvorschläge aufzubringen. Nun war Krüger überzeugt, dass England einen Krieg anstrebte.[56] Da lag der Burenpräsident nicht falsch. Trotz der energischen Proteste von Milners kommandierendem General – der deshalb abgelöst wurde – ließ Milner an der Grenze zu den Buren provokative Truppenbewegungen durchführen,[57] was an heutige NATO-Manöver an der russischen Grenze erinnert. Burengeneral Jan Smuts stellte nun am 10. Oktober 1899 ein Ultimatum zum Abzug der Truppen. Milner und Chamberlain sowie Teile der britischen Presse sahen darin prompt eine Kriegserklärung. Österreichs Ultimatum an Serbien wurde später ja auch genutzt, um Österreich aggressive Absichten zu unterstellen.

Joseph Chamberlain – über Lord Balfour eng mit allen einflussreichen Familien Englands vernetzt – war neben Milner fraglos die treibende Kraft hinter der britischen Südafrikapolitik. Er sah in der Behauptung gegenüber rückständigen Burenrepubliken sogar eine »Schicksalsfrage« für das Weltreich.[58] *»Was wir vor allem erreichen müssen«*, so fasste sein Unterstaatssekretär Lord Selborne die Lage knapp und präzise zusammen, *»ist, dass wir der Boss sind und nicht die Holländer.«*[59] Alfred Milner nannte es ein *»great game for the mastery in South Africa« – »das große Spiel um die Vorherrschaft in Südafrika«*[60] – und spielte damit auf das englisch-russische Verhältnis in Zentralasien an. Nichtsdestotrotz nahm man in London das Ultimatum der Buren freudig auf. Endlich waren sie auf die unzähligen Provokationen Joseph Chamberlains angesprungen und hatten einen Kriegsgrund geliefert. *»They have done it!«*, so soll er zufrieden beim Frühstück ausgerufen haben.[61] Kriegsminister Lord Henry Lansdowne gratulierte ihm auf dem Fuße: *»Gratulation! ... Ich denke, Krüger hätte Ihre Karte nicht besser spielen können.«*[62]

Tatsächlich hatte Chamberlain gemeinsam mit Alfred Milner seit Monaten versucht, die widerspenstigen Burenrepubliken in einen Showdown zu verwickeln. So schlugen sie u. a. den letzten Kompromissversuch Krügers bei der Konferenz von Bloemfontein aus.[63] Die Presse, die das Ultimatum einstimmig als *»grotesk«* oder *»äußerst amüsant«* empfand,[64] hatten sie dabei längst auf ihrer Seite. Spätestens seit dem fehlgeschlagenen Jameson Raid schrie die Fleet Street nach Rache für die bittere Niederlage von Majuba Hill. Und die Buren selbst sorgten dafür, dass Cecil Rhodes seinem Kap-Kairo-Plan näherkam. Lansdowne versicherte Chamberlain denn auch gleich noch am Morgen des 10. Oktober 1899, dass seine Soldaten sich bereits in Anbetracht der zu erwartenden Lorbeeren *»in Ekstase«* befänden.[65]

Die britische Regierung nahm den Konflikt offenbar nicht ernst, man sprach salopp von einem »Teatime«-Krieg, der nicht lang andauern würde und spätestens zu Weihnachten beendet sei. Doch schnell trat eine gewisse Ernüchterung ein, als die Buren erste Erfolge für sich verbuchen konnten, nachdem sie mutig die Initiative ergriffen hatten. Bis zum Frühjahr 1900 währte diese erste Kriegsphase.

»Der Rhodes-Koloss«. Karikatur von Edward Linley Sambourne zum Kap-Kairo-Plan von Cecil Rhodes in Punch, 1892

Der Zweite Burenkrieg lässt sich in drei Phasen gliedern: Mit zwei Abteilungen von insgesamt 30000 Mann überschritten die Burenstreitkräfte in den Morgenstunden des 11. Oktober 1899 überraschend die Grenze Natals und drangen von Norden und Nordwesten her in die britische Kolonie ein. Ziel der raschen Kriegseröffnung war es offenbar, die Briten wie einst 1881 noch vor dem Eintreffen eines Expeditionskorps zu besiegen. Die Armee, in der vom Halbwüchsigen bis zum Greis alle gemeinsam fochten, bestand durchgehend aus höchst individuellen Persönlichkeiten, denen die europäische Disziplin und militärische Organisation völlig fremd war. Doch sie erreichten, dass die Briten zunächst eine herbe Niederlage einstecken mussten.[66]

Für Joseph Chamberlain wie auch den Oppositionspolitiker Henry Herbert Asquith waren die gehäuften Niederlagen eine der *»schwärzesten Stunden«* überhaupt.[67] Ein Rückzug wie im Ersten Burenkrieg kam für sie nicht infrage. Also war man zum Kampf entschlossen, wofür auch Victorias berühmter Ausspruch steht: *»Die Möglichkeit einer Niederlage interessiert uns nicht; es gibt sie schlichtweg nicht!«*[68] Auch das unterscheidet den Imperialkrieg vom Kolonialkrieg: Während Letzterer zumeist eher wie ein Konflikt um entfernt gelegenes

Tafelsilber erscheint, begriff man den Zweiten Burenkrieg als existenzielle Bedrohung. Außerdem gab der Imperialkrieg in Südafrika als weltweites Medienereignis Anlass zu öffentlichen Kontroversen über Niederlagen und Kriegführung.

Als Höhepunkt der ersten Kriegsphase gilt die zweite Dezemberwoche 1899, die man später »black week« nennen wird, da die Briten weiterhin Niederlagen an sämtlichen Fronten erlitten. Bald darauf setzte England über 180 000 Soldaten ein, und die Buren sahen sich dem größten Landheer in der britischen Geschichte gegenüber.[69] Darin enthalten waren Truppen aus Australien, Kanada und Indien. Eine Wende, so hob Arthur Balfour hervor, musste möglichst rasch erfolgen, um die Kritik zu Hause nicht noch heftiger und vielleicht unkontrollierbar werden zu lassen.[70]

In der zweiten Kriegsphase kam die Wende: Am Morgen des 18. Mai 1900 meldete *Reuters*, worauf London sieben Monate gewartet hatte: *»Mafeking is safe!«*[71] 217 Tage war die Stadt von den Buren belagert worden, endlich konnte sie »befreit« werden. Im Covent Garden, wo unter Beisein des Thronfolgerpaares Wagners Lohengrin dargeboten wurde, unterbrachen spontane Ovationen die Aufführung, und das Publikum intonierte »God save the Queen« und »Rule Britannia«.[72] Die Londoner befänden sich *»in einem Delirium der Freude«*, so titelte die *New York Times*.[73] Fünf Tage und Nächte dauerte der Jubel – selbst die Feierlichkeiten zum Ende beider Weltkriege reichten nicht an die größte »West-End-Party« in der Geschichte der Millionenmetropole heran. Aber nicht nur aus dem imperialen Zentrum, sondern auch aus Gibraltar, Sidney, Melbourne, Adelaide, Wellington, Toronto und Montreal wurden mehrtägige Festivitäten gemeldet.[74]

Was war das für ein Konflikt, bei dem bereits die Befreiung einer militärisch eher unbedeutenden Stadt wie Mafeking derartig bejubelt wurde? Und das bei einem mehr als zehnfach unterlegenen Gegner, denn in den kleinen Republiken Transvaal und Oranje-Freistaat lebten kaum mehr als 160 000 Buren, die lediglich irreguläre Kräfte von ca. 40 000 bis 55 000 Mann stellen konnten![75] Nach Mafeking nahmen die britischen Truppen Johannesburg ein und Anfang Juni Pretoria, die Hauptstadt von Transvaal. Der Krieg schien beendet, als 8000 Soldaten aus Transvaal und 6000 Männer des Freistaates Ende Juni 1900 kapitulierten.[76] Am 1. September annektierte Feldmarschall Frederik Roberts die Südafrikanische Republik offiziell für das Empire.

Ab Sommer 1900 begann die dritte, die längste und fraglos hässlichste Phase – der Guerillakrieg. Ohm Krüger: »*Jetzt beginnt der eigentliche Krieg.*«[77] Nach der Niederlage vom Paardeberg und angesichts der zunehmenden britischen Überlegenheit war es bei den Buren zu einem Führungs- und Richtungswechsel gekommen, sie operierten nun mit flächendeckender Hit-and-run-Taktik[78] und wendeten Methoden des Guerillakampfes an. Die Briten wiederum gingen im Gegenzug zur »Strategie der verbrannten Erde« über: Durch Zerstörung von Farmen und Getreidefeldern sollten Moral und Kampfeslust der Buren gebrochen und ihnen die Lebensgrundlage entzogen werden.[79] Frauen und Kinder wurden anschließend in Konzentrationslagern interniert.

Im Juli 1900, also mitten im bitterkalten südafrikanischen Winter, ging Roberts noch einen Schritt weiter und benutzte 2500 Frauen und Kinder als Geiseln, indem er sie in offenen Waggons zu den Stellungen der Buren in Transvaal transportieren ließ, um diese damit zur Aufgabe zu zwingen.[80] Zwei Monate später war eine weitere Eskalationsstufe erreicht, als das britische Oberkommando befahl, nicht nur Farmen, sondern auch alle Nahrungsmittel im Radius von 16 Meilen rund um das jeweilige Kampfgebiet zu verbrennen. Die gesamte britische Armee war damit beschäftigt, Farmen, Felder und Viehherden zu vernichten, ganze Landstriche wurden so verwüstet.[81] Auch Churchill sah den Krieg inzwischen als *»entartet«* an und fürchtete ein monatelanges Ringen ohne Ergebnis.[82]

Als der britische General Herbert Kitchener dann auch noch schwarze Afrikaner der Urbevölkerung bewaffnete und mithilfe von Versprechungen für die Nachkriegszeit ins Feld schickte, erklärte Jan Smuts, ein führender Intellektueller unter den Buren, in einem Schreiben an eine englische Tageszeitung, dass dies abscheulich sei und noch viel schlimmer als der Einsatz von Konzentrationslagern oder der Tod von Frauen und Kindern.[83] Burengeneral Piet Cronje schrieb an den britischen Oberst Robert Baden-Powell, den Gründer der Pfadfinderbewegung: *»Man hört, dass Sie Mischlinge, Fingos und Baralongs gegen uns bewaffnet haben – das ist ein Akt ungeheurer Niedertracht ... Überdenken Sie die Angelegenheit, selbst wenn es Sie den Verlust von Mafeking kostet ... Entwaffnen Sie Ihre Schwarzen und erfüllen Sie damit die Rolle eines Weißen in einem Krieg unter Weißen.«*[84]

In den Camps galten die Indigenen offensichtlich als Menschen zweiter Klasse, eine medizinische Versorgung erhielten sie jedenfalls nur, wenn ihre Arbeitskraft gefährdet schien oder wenn sie drohten, die Truppe oder Weiße anzustecken. Schätzungen zufolge kam es zu 20 000 Todesopfern unter den Schwarzen.[85] Die militärische Führung zeigte sich davon unbeeindruckt. Kitchener ging es allein darum, den mit jedem Tag um Millionen teurer werdenden Krieg möglichst schnell und siegreich zu beenden. Dazu zog er sogar in Erwägung, die gesamte Burenbevölkerung nach Niederländisch-Ostindien, auf die Fidschi-Inseln oder nach Madagaskar zu deportieren.[86] Das grausame Vorgehen in Südafrika und vor allem die Lagerpraxis brandmarkten die britischen Liberalen als *»methods of barbarism«*[87]. Alfred Milner aber gab sich auf dem Höhepunkt des Kampfes im Sommer

1901 überzeugt: »*Die rein aggressive und destruktive Politik wird früher oder später an ihre Grenzen kommen. Trotzdem wird sie sich als voller Erfolg erweisen.*«[88]

Nach zweieinhalb Jahren, am 31. Mai 1902, endete der Krieg mit dem Friedensschluss von Vereeniging. Beide Burenrepubliken wurden ins Großreich eingegliedert, ansonsten aber erhielten die Buren großzügige Friedensbedingungen, etwa alle Rechte britischer Staatsbürger, und Afrikaans wurde als Amtssprache anerkannt. Der Zweite Burenkrieg hatte die Ressourcen des Empires voll in Anspruch genommen, zum ersten Mal bedurfte es der Einberufung von Freiwilligen und der massiven Unterstützung durch die Dominions.[89] Insgesamt über 50 000 Soldaten aus Kanada, Neuseeland, Australien und Indien kamen zum Einsatz. Er war nicht nur der teuerste, sondern auch der verlustreichste Kampf, den London bis dahin je geführt hatte. Statt der ursprünglich veranschlagten 10 Millionen verschlang der Krieg schließlich 230 Millionen Pfund.[90] 30 000 Schwarzafrikaner wurden als Scouts, Spione und für die Versorgungszüge in Dienst gestellt und ca. 400 000 Truppen aus England ans Kap verschifft. Das alles, um eine Bauernstreitmacht von nie mehr als 50 000 Mann in über 32 Monaten niederzuringen! Die Militärtheorie beschäftigte sich noch Jahre später mit den Lehren aus diesem Krieg. Die grundlegenden Reformen der britischen Streitkräfte vor dem Ersten Weltkrieg wären ohne ihn wohl nicht vollzogen worden. Die Strategen in London betrachteten den Feldzug indes als richtungsweisenden Konflikt, dem Hauptinitiator Joseph Chamberlain ging es mit Blick auf das kommende Jahrhundert der Weltreiche und die geopolitische Bedeutung der Siedlerkolonien um imperiales Prestige.

Die schmählichen Niederlagen zerstörten den festen Glauben an die britische Macht, trotz des Sieges war Großbritanniens Vertrauen schwer erschüttert, sodass »*es noch im selben Jahr mit Japan einen*

Vertrag mit der Bestimmung schloss, dass für den Fall, dass einer der Unterzeichner im Fernen Osten in einen Krieg mit zwei Feinden verwickelt würde, der andere Unterzeichner ihm zu Hilfe kommen müsste«[91]. Dieser Vertrag, der es Japan ermöglichte, 1904 Russland anzugreifen, hatte zwanzig Jahre Bestand und wurde 1912 auf den Nahen Osten erweitert.

Deutschlands offensichtliche Sympathien für die Buren bewirkten aber vor allem eine Entfremdung der britischen Bevölkerung von den Deutschen; dies trug wesentlich dazu bei, dass 1904 eine englisch-französische Entente gebildet wurde. Milner übernahm die besiegten Burenrepubliken und regierte sie bis 1905. In der öffentlichen Verwaltung setzte er die jungen Oxforder Absolventen aus seinem »Kindergarten« ein. Diese Gruppe reorganisierte die Verwaltung und Regierung von Transvaal und der Oranje-Kolonie und spielte allgemein eine wichtige Rolle im südafrikanischen Leben.

Im Lager von Bloemfontein waren, wie man im dortigen Burenkriegsmuseum erfahren kann, zwischen 5000 und 7000 Menschen interniert, und das war nur eines von etwa 50 Lagern. Insgesamt starben dort 27 000 Frauen und Kinder, Letztere machten 81 Prozent aus.[92] Während sich Großbritannien bemühte, dieses Kapitel aus seiner Geschichte zu löschen, wurde es bei den Buren zu einer Art Heldenepos.

Der Krieg war nicht nur für die Buren eine Tragödie, sondern auch für Zehntausende Schwarze, die zusammen mit den Familien, für die sie arbeiteten, vertrieben wurden. Der Historiker Albert Grundlingh weist darauf hin, dass mehr als 14 000 Menschen in sogenannten »schwarzen Lagern« starben, in denen die Bedingungen noch schlimmer waren als in den Buren-Konzentrationslagern.[93]

Der Trumpf der Geheimen Elite: König Edward VII.

Als Queen Victoria nach 63 Jahren Regierungszeit am 22. Januar 1901 starb, bestieg ihr Sohn Edward (1841–1910) – der erste britische Herrscher aus dem deutschen Adelsgeschlecht Sachsen-Coburg-Gotha – mit 59 Jahren den Thron. Wegen des Burenkriegs wurden die Krönungsfeierlichkeiten auf den Sommer 1902 verschoben. Edward VII. war bis zu seinem Tod König des Vereinigten Königreichs von Großbritannien und Irland sowie Kaiser von Indien.

Zu Beginn seiner Regentschaft beherrschte Großbritannien ein Viertel der Welt, dabei sah man sich von vielerlei Seite herausgefordert: von den Vereinigten Staaten auf dem amerikanischen Kontinent, von Frankreich auf der ganzen Welt und von Russland in Asien, vor allem entlang der indischen Grenze. Das führte zum bereits erwähnten Bündnis Großbritanniens mit Japan am 30. Januar 1902. Sechs Monate später schlug Frankreich eine englisch-französische Entente, ein loses Staatenbündnis, vor.

Bereits 1899 war es der Milner-Gruppe gelungen, den Leiter der Auslandsabteilung der angesehensten Zeitung Großbritanniens, der *Times,* durch ihren eigenen Mann, Valentine Chirol, zu ersetzen. Chirol, der zuvor im Außenministerium gearbeitet hatte, konnte dadurch Einfluss auf verschiedene Karrieren nehmen, vor allem förderte er seinen Freund, den englischen Botschafter in St. Petersburg, Sir Charles Hardinge, der 1906 zum ständigen Unterstaatssekretär im Außenministerium aufstieg. Mit Chirol als Leiter der Auslandsabteilung der *Times* und Hardinge als Weichensteller im Außenministerium begann die Milner-Gruppe die britische Außenpolitik zu kontrollieren.

Mitte der 90er-Jahre drang Reginald B. Brett – ab 1899 Lord Esher – in den inneren Kreis der königlichen Familie ein. Als Edward den Thron bestieg, ging Esher im Palast bereits ein und aus. 1901 wurde er stellvertretender Gouverneur von Windsor Castle, was ihm enormen Einfluss verschaffte. Da Edward jahrzehntelang als Dandy gelebt hatte, war er auf seine Aufgaben als Herrscher nicht gut vorbereitet. Unsicher und machtbesessen zugleich, verließ er sich auf seine Ratgeber, vor allem auf Lord Esher, der schließlich alle politischen Angelegenheiten des Palastes dirigierte. So war er auch entscheidend am Aufstieg Hardinges beteiligt, der 1910 schließlich sogar Vizekönig von Indien wurde.

1902 war Außenminister Lord Lansdowne, der bisher noch dem deutschfreundlichen Kurs von Queen Victoria gefolgt war, bereit, sich mit Frankreich daraufhin zu verständigen, das Kaiserreich von Marokko auszuschließen. Sein Einverständnis dazu kennzeichnet den Beginn eines deutlichen Klimawechsels in der britischen Außenpolitik. Nun galt es, der britischen Bevölkerung die Langzeitfeinde Frankreich und Russland als neue Freunde zu verkaufen und eine feindselige Stimmung gegen Österreich und Deutschland zu schüren. Hierbei spielte die erste offizielle Auslandsreise Edwards VII. eine wichtige Rolle, Ziele waren Lissabon und Rom. Edward wollte nun unbedingt auch Papst Leo XIII. seine Aufwartung machen, obwohl dies bei einem Staatsbesuch einen Affront gegen den jungen Nationalstaat Italien bedeutete. Als Edward Anfang März 1903 seine Absicht bei Balfour und dem Kabinett bekanntmachte, waren die meisten Regierungsmitglieder denn auch wenig begeistert. Doch hatte man in Rom im Sinne des »neuen Kurses« vorgearbeitet. Bei der Neubesetzung des im Herbst 1902 vakant gewordenen Botschafterpostens wurde auf massiven Druck Edwards nicht der Favorit Thomas Sanderson ernannt, sondern Francis Bertie, an dessen charakterlicher Eignung viele erfahrene Diplomaten ihre Zweifel hatten, doch er genoss Edwards Vertrauen.[94]

Der entscheidende Coup dieser Reise war ein »Überraschungsbesuch« in Paris, der natürlich ganz und gar nicht spontan, sondern von Lord Esher, König Edward sowie mit Hilfe des französischen Präsidenten und des britischen Botschafters in Paris mit Blick auf die beabsichtigte britisch-französische Annäherung sorgfältig geplant worden war, um die Menschen in beiden Ländern für die neuen Pläne zu gewinnen. Edward reiste denn auch entgegen der Etikette nicht mit einem Minister »of the Crown« nach Paris, sondern in Begleitung von Unterstaatssekretär Hardinge, der zuvor noch schnell zum bevollmächtigten Minister gemacht wurde.[95]

Nach einem zunächst frostigen Empfang in der französischen Hauptstadt – nicht zuletzt aufgrund des brutalen britischen Vorgehens im Burenkrieg – gelang es Edward durch seinen Enthusiasmus, für einen friedlichen Neubeginn in den Beziehungen beider Länder die Herzen der Pariser zu gewinnen und für politisches Tauwetter zu sorgen. Bei seiner Abreise bereitete man ihm einen begeisterten Abschied. Die Entente Cordiale war auf den Weg gebracht ...

Abschluss der Entente Cordiale und Gründung des CID

König Edwards Staatsbesuch in Paris wurde ein knappes Jahr später, am 8. April 1904, durch das »herzliche Einverständnis« zur Lösung des Interessenkonflikts beider Länder im Wettlauf um Afrika gekrönt. Schwerpunkt der Entente Cordiale war die »brüderliche« Aufteilung von Ägypten und Marokko. Marokko, dem die Großmächte 1878 auf dem Kongress zu Madrid feierlich die Souveränität zugesichert hatten, wurde Frankreich zugeschrieben, während sich das Vereinigte Königreich Ägypten sicherte. Beide Vertragspartner einigten sich außerdem auf den freien Verkehr durch den Suezkanal sowie durch die Straße von Gibraltar. Nur drei Jahre später entwickelte sich die Entente Cordiale durch den Beitritt Russlands zur Triple Entente. Damit stand nach zwanzig Jahren die gewünschte Kriegskoalition.

Im Mai 1904 – einen Monat nach Abschluss der Entente Cordiale – wurde in Großbritannien das »Committee of Imperial Defence« (CID), ein ressortübergreifendes Komitee zur Planung der Verteidigungspolitik, geschaffen. Es folgte auf das nach dem Burenkrieg ins Leben gerufene »War Office Reconstitution Committee« – auch als »Esher Committee« bekannt –, das Premierminister Arthur James Balfour eingesetzt hatte, um die Armee zu reformieren. Außer Admiral John A. Fisher gab es nur zwei weitere Ausschussmitglieder: den Vorsitzenden Lord Esher und Sir George Clarke, zu diesem Zeitpunkt Gouverneur von Victoria, einst separate britische Kolonie, ab 1901 Mitglied des australischen Bundes. Esher war ein recht sonderbarer Charakter. Durch seine hervorragenden gesellschaftlichen Verbindungen bis ins Königshaus stellte er eine Schnittstelle zwischen Militär, Politik und Verwaltung dar, doch er vermied konsequent formelle Zuständigkeiten und lehnte mehrmals den Posten des Kriegsministers ab. Er unterstützte aber Balfours Anstrengungen, die nationale Wehrplanung zu systematisieren und qualitativ zu verbessern. Das Ergebnis war die Gründung des CID.

Admiral John Arbuthnot »Jacky« Fisher, 1904 zum britischen »First Sea Lord« berufen (bis 1910), war wohl der mächtigste Marineoffizier der Welt. Er prägte die Royal Navy, führte dort Großkampfschiffe ein und spottete über die deutsche Marineaufrüstung. Doch verabscheute er die Deutschen so sehr, dass er die Illusion einer deutschen »Bedrohung« aufrecht erhielt. Der britische Marinehistoriker Arthur J. Marder schreibt: *»Über allem anderen stand Fishers heftige Feindseligkeit gegenüber Deutschland. Er teilte diese Deutschfeindlichkeit mit Freunden und Kollegen, wie dem Journalisten Arnold White, dem portugiesischen Botschafter Soveral und Lord Esher.«*[96] Fisher konzentrierte die britische Flotte in den Heimatgewässern und ließ 80 Prozent der Geschütze direkt auf Deutschland ausrichten. Kein Wunder also, dass die Deutschen sich bedroht fühlten.[97]

Fisher schlug 1904 und 1908 vor, die gesamte deutsche Marine durch einen Präventivschlag zu »kopenhagen« – 1801 hatten die Briten etwa die Hälfte der dänischen Flotte erbeutet und im Hafen vor den Augen der Bevölkerung verbrannt bzw. versenkt. Indem Fishers politische Vorgesetzte seine deutschfeindlichen Bemerkungen tolerierten, wird deutlich, dass er offen aussprach, was sie heimlich verfolgten. Bald wurde es gar Mode, deutschfeindliche Ansichten zu äußern. Um über die Presse die öffentliche Meinung gegen das Kaiserreich aufzubringen, schürte das Milner-Umfeld eine Reihe von Ängsten: vor deutschen Spionen, vor militärischen Invasionen, vor »fünften Kolonnen« sowie einer Verstärkung der deutschen Marine. Darüber hinaus setzte die Geheime Elite eine Kampagne für die Wehrpflicht in Gang. Über alldem waberten zwei Hauptthemen: der »desolate« Zustand der britischen Verteidigung und die »tückischen Hunnen« jenseits des Meeres. Für die Behauptung einer »fünften Kolonne« gab es nie einen Anhaltspunkt. Trotzdem beunruhigte die Presse die britische Öffentlichkeit mit Geschichten über deutsche Eindringlinge, die in ganz England marschierten und exerzierten sowie Arsenale von Waffen und Sprengstoffen unterhielten. Obwohl in Großbritannien nicht einmal 50 000 Männer und Frauen deutscher Nationalität lebten, gab es Schätzungen, die von 100 000 bis 300 000 deutschen Spionen oder ausgebildeten Saboteuren ausgingen. Es überrascht nicht, dass bei einer derartigen Panikmache das Wohlwollen der Briten gegenüber den Deutschen verschwand.

In Deutschland hingegen gab es keine vergleichbare Propaganda. Nie ist auch nur ein einziger Beweis dafür aufgetaucht, dass die deutsche Armee eine militärische Invasion Großbritanniens in Betracht gezogen hätte. In England wurden nichtsdestotrotz durch die ständige Indoktrination die Begriffe »Feindseligkeit«, »Feind« und »Invasion« mit dem Kaiserreich verbunden. J. A. Farrer schreibt 1922 dazu in seinem Buch »England under Edward VII.«: *»Jedenfalls erzielte dieses ständige Einträufeln solcher Terrorhinweise in die Ohren der Öffentlichkeit die beabsichtigte Wirkung, Deutschland als Feindstaat darzustellen, mit dem wir früher oder später Krieg führen müssten. Durch diesen Prozess nationaler Selbstsuggestion wurde die Kriegsfantasie schließlich Wirklichkeit.«*[98]

Nach Cafferky ist Farrers Hauptaussage unwiderlegbar, dass die antideutsche Stimmung in Großbritannien durch die Anstrengungen einer kleinen, um König Edward und seinen Hofstaat versammelten Gruppe entstanden ist. In der Gesamtbeurteilung geht er sogar noch weiter: *»Die angloamerikanische Geschichtsschreibung leidet in epidemischem Ausmaß an einem solch sorgfältig gedrechselten, abschätzigen Drall. Unter der Hand sorgt das angloamerikanische Narrativ so für eine wachsende antideutsche Kultur – dies ist die wahre Vorkriegsgeschichte, denn das deutschfeindliche Umfeld machte es der Milner-Gruppe möglich, Großbritannien in den Krieg zu steuern.«*[99]

Marokkokrise und Sturz von Premier Balfour

In den Augen der britischen Öffentlichkeit war in der Entente Cordiale die noble Absicht der beiden Länder festgehalten, die Souveränität des Sultans von Marokko zu respektieren, die territoriale Integrität des Landes zu wahren und eine Handelspolitik der offenen Tür zu betreiben. Nur eingeweihten britischen Diplomaten war klar, dass Großbritannien Frankreich in Marokko freie Hand gewährte, was in den Geheimklauseln des Abkommens tatsächlich festgeschrieben war. Als dies 1912 durchsickerte, fasste der britische Journalist und spätere Labourpolitiker E. D. Morel zusammen: *»Die britische Bevölkerung wurde in Bezug auf die deutsche Rolle während der Marokko-Frage systematisch irregeführt und desinformiert ..., weil das deutsche Agieren durch die Existenz von geheimen Abmachungen und Regelungen zwischen der britischen, französischen und spanischen Regierung verursacht wurde, welche der britischen Bevölkerung vorenthalten worden waren und ... durch orchestrierte ... Anstrengungen das konstante Ziel verfolgt (wurde), die deutsche Politik in der Marokko-Frage in einem finsteren Licht darzustellen.«*[100]

Ein wichtiger Faktor bei dieser Strategie war, die Beziehungen zu Frankreich auszubauen. Milners enger Freund, der ehemalige Generalkonsul in Ägypten Lord Cromer, riet Außenminister Lansdowne zum Abschluss einer englisch-französischen Vereinbarung, die Marokko in eine französische Provinz umwandeln sollte. Cromer wollte einen Deal: Großbritannien bietet Frankreich die Kontrolle über Marokko an, und Frankreich überlässt Großbritannien dafür Ägypten und den Suezkanal. Wie erwartet, erhob Deutschland Einspruch gegen die Annexion von Marokko. Am 31. März 1905 landete der

Kaiser in Tanger und verkündete deutsche Hilfe für Marokkos Souveränität. Die erste Marokkokrise hatte begonnen.

Während Lansdowne, Balfour und die Franzosen mit der kaiserlichen Intervention locker umgingen, trat die Milner-Gruppe gleich eine Pressekampagne los. In scharfem Gegensatz zu ihren französischen Pendants betrachteten die *Times* und der größte Teil der britischen Presse den Besuch des Kaisers als absichtliches Manöver, um die wachsende englisch-französische Freundschaft zu zerstören. Am 4. April nannte die *Time*s Wilhelm II. einen *»Agent Provocateur«* und drängte die Franzosen standzuhalten.[101] Die Zeitung war vom Foreign Office diskret auf diese Spur gesetzt worden, und der Großteil der britischen Presse folgte ihrem Beispiel.

Da Balfour und die Tories bei den Nachwahlen 1905 an Zustimmung verloren, bereitete die Milner-Gruppe einen Regierungswechsel vor. Mitten in der Marokkokrise brach dann die Balfour-Regierung zusammen. Der Journalist, Diplomat und passionierte Imperialist Chirol äußerte im Sinne der Milner-Gruppe den Wunsch, dass die liberalen Imperialisten die Schlüsselministerien der kommenden, liberalen Regierung übernehmen sollten, und Lord Esher überzeugte König Edward VII., das Prinzip der Kontinuität in der Außenpolitik zu fördern. Kontinuität hieß, dass die Außenpolitik der Tory-Regierung von einer liberalen Regierung fortgeführt wurde. Die Milner-Gruppe favorisierte Sir Edward Grey als Außenminister, trotz seiner begrenzten Erfahrung und seines mangelnden Wissens über Europa. Als Kriegsminister war J. B. S. Haldane vorgesehen. *»Haldane, der sich, wie viele von Milners engstem Kreis, beim König eingeschmeichelt hatte, berichtete, dass er Ende Juli 1905 im Palast übernachtet hatte. … Bei seiner Ankunft verbrachte er weit über eine Stunde damit, mit Lord Knollys, dem persönlichen Privatsekretär des Königs, über Politik zu diskutieren. Beim Abendessen erläuterte er dem König die allgemeine*

Lage der britischen Politik … und behauptete, dass aufgrund Balfours bevorstehender Niederlage die Verteidigung des Imperiums den liberalen Imperialisten obliegen würde.«[102]

Danach traf sich Haldane mit Grey und Asquith, den Milner bereits als Premierminister nach Henry Campbell-Bannerman favorisierte (Letzterer hatte als Parteichef der Liberalen natürlich Vorrang), Ende September 1905 in Greys Fischerhütte im Ort Relugas. Die drei beschlossen, bei den bevorstehenden Verhandlungen mit Campbell-Bannerman, zusammenzuhalten. Haldane: *»Wir waren uns einig, dass, wenn Campbell-Bannerman Premierminister wird, er die Peerswürde annehmen sollte, und dass Asquith als Finanzminister bei den Commons (= im Unterhaus) führen sollte. Wir haben uns entschieden, dass wir der Regierung von Campbell-Bannerman nicht beitreten können, wenn unser Konzept inhaltlich nicht umgesetzt wird. Was wir so beschlossen haben, haben wir danach genutzt … unter uns sprachen wir vom ›Relugas Compact‹.«*[103] Dass drei Politiker sich absprechen, ist normal. Doch Haldane wich vom akzeptablen Weg ab, indem er dem König und dessen Privatsekretär Francis Knollys von ihren Plänen berichtete. Haldane schrieb, wenn er, Grey und Asquith nicht dem liberalen Kabinett angehören und somit nicht Einfluss auf die Politik nehmen könnten, dann seien die Pläne der Geheimen Elite in Gefahr.[104] Knollys' Antwort machte deutlich, dass eine starke Präsenz der liberalen Imperialisten im Kabinett erwünscht sei.[105]

Anfang Oktober diskutierten der König, Haldane, Balfour und Esher über die Zukunft des CID. Haldane sagte, dass Campbell-Bannerman gegen das Committee sei, er selbst, Grey und Asquith es allerdings unterstützten. Der König wiederum machte deutlich, wie wichtig es sei, dass die drei liberalen Imperialisten in der neuen Regierung mitwirkten – auch wenn sich Campbell-Bannermann weigern sollte, ins Oberhaus zu gehen.[106] Haldane sagte zu Asquith: *»Der Plan wird in* *allen Einzelheiten gutgeheißen. ... Ich denke, dass der K. (König) C. B. im Nov. zu Sandringham bitten und sagen wird, dass er aufgrund neuer Beobachtungen bezweifelt, dass ein so junger Mann Premierminister und Leiter im House of Commons sein kann. ... Inzwischen wünschen sich sowohl er als auch Knollys ..., dass Sie mit C. B. in die allgemeine Politik gehen, aber es darf nicht so weit kommen, dass er einen Zusammenhang zwischen Ihrem Gespräch und dem, was hier getan werden kann, vermutet. Sie sind sich der Bedeutung von Geheimhaltung und Zurückhaltung voll bewusst. Wenn nur Verschwiegenheit gewahrt wird (und ich habe alles getan, was getan werden kann, um dies zu sichern), dann denke ich, dass wir sehr herzliche und kraftvolle Hilfe erhalten haben ...«*[107]

Kurz vor der Regierungsübernahme der Liberalen Ende 1905 ernannte Balfour Lord Esher zum ständigen Mitglied des CID.[108] Von 1906 bis 1914 nahm Esher an fast jeder Sitzung teil. Die Premierminister während dieser Zeit, Balfour, Campbell-Bannermann und Asquith, befragten ihn zu den unterschiedlichsten Verteidigungsangelegenheiten und schätzten sein Verständnis sowohl der technischen Aspekte als auch der möglichen politischen Folgen.[109] Balfour, der König, Knollys und Esher haben also bei der Gestaltung der neuen liberalen Regierung konspirativ mitgewirkt. Eine solche Absprache ist verfassungsrechtlich nicht in Ordnung und kommt einer Verschwörung gleich. Vielsagend ist auch Balfours Komplizenschaft bei der Stärkung der liberalen Imperialisten. In den folgenden Jahren beriet sich Grey immer wieder mit Balfour zu Fragen der Außenpolitik, wohingegen er die Fragen dem Kabinett nicht vorlegte. Merkwürdig, dass er dem Oppositionsführer alles offenbarte, aber gleichzeitig dem Kabinett wie dem Parlament entscheidende Informationen vorenthielt. Grey und Haldane haben das politische System unterwandert, indem sie dem Kabinett nicht die Treue hielten.

Das Memorandum von Sir Eyre Crowe

Nachdem Edward Grey Ende 1905 das britische Außenministerium übernommen hatte, traf er dort auf eine Gruppe antideutsch eingestellter Staatsdiener, unter ihnen Sir Eyre Crowe (1864–1925). Crowe war der Sohn einer deutschen Mutter und sogar mit einer Deutschen verheiratet. Er verfasste am 1. Januar 1907 ein »Memorandum on the Present State of British Relations with France and Germany«.[110] Darin heißt es zwar, das Empire akzeptiere durchaus Deutschlands Beteiligung an der »zivilisierten Erschließung« der Welt, doch warnte Crowe: *»Wenn Deutschland jedoch glaubt, dass ein größeres relatives Übergewicht an materieller Macht, weitere Gebietsausdehnung, unverletzbare Grenzen und die Vorherrschaft zur See vorläufig notwendig seien, da ohne sie alle auf eine solche Führerschaft gerichteten Bestrebungen scheitern müssten, dann muss England damit rechnen, dass Deutschland gewiss danach trachten wird, die Macht aller Rivalen zu schwächen und seine eigene Macht durch Gebietserweiterungen zu stärken, die Zusammenarbeit anderer Staaten zu verhindern und schließlich das Britische Empire zu zerstückeln und zu verdrängen.«*[111] Deutschland wird hier das unterstellt, was eigentlich eher die britische Außenpolitik kennzeichnete. War es nicht England, das immer wieder versucht hat, die stärkste Macht auf dem Kontinent einzudämmen, indem es sich mit der zweitstärksten verbündete? Und war es nicht auch England, das versuchte, die Zusammenarbeit der Länder auf dem Kontinent zu verhindern?

Crowe räumte zunächst ein, dass Deutschland es wahrscheinlich nicht auf einen Krieg abgesehen habe. Später aber heißt es: *»Bei dieser Betrachtungsweise des Sachverhalts müsste angenommen werden, dass Deutschland bewusst einen politischen Kurs verfolgt, der im Gegensatz zu den unverzichtbaren britischen Interessen steht, und dass langfristig ein bewaffneter Konflikt unvermeidbar sein könnte, es sei denn, England würde entweder jene*

Interessen opfern ... oder sich selbst stark genug machen, um Deutschland in einem Krieg jede Erfolgschance zu nehmen. Dies ist die Meinung derjenigen, die im Großen und Ganzen die Entwicklung der deutschen Politik als schlüssigen Beweis dafür ansehen, dass sie bewusst auf die Durchsetzung einer deutschen Hegemonie abzielt, zunächst in Europa und schließlich in der Welt.« Deutschland wisse nicht wirklich, dass all seine hinterhältigen Intrigen nicht dazu beitrügen, eine *»kontinuierlich funktionierende, gut durchdachte und beharrliche Politik zu entwickeln ...«*[112]

Eine erfolgreiche wirtschaftliche Entwicklung wird von Crowe als *»schlüssiger Beweis«* dafür angeführt, dass Deutschland eine Vorherrschaft in der Welt anstrebe. Also nicht das, was die deutsche Regierung sagte und wirklich beabsichtigte, zählte, sondern das, was man in sie hineininterpretierte! Muss man das nicht so verstehen, dass man das deutsche Kaiserreich letztlich so sah, wie man es ansehen wollte? Zehn Jahre zuvor hatte Bernhard von Bülow, damals noch Staatssekretär im Auswärtigen Amt, das deutsche Ziel genannt: *»Wir wollen niemand in den Schatten stellen, aber wir verlangen auch unseren Platz an der Sonne.«*[113] Das Reich hatte lange gezögert, Überseebesitzungen in den Tropen und Subtropen, den sonnigen Erdteilen eben, anzustreben.

Crowe hob besonders hervor, dass das Interesse Englands an der nationalen Unabhängigkeit der Staaten auf dem Kontinent lebensnotwendig für England sei, deshalb sei es der natürliche Verbündete schwächerer Einheiten.[114] England stimme in seinen Interessen mit den Wünschen und Idealen der gesamten Menschheit überein und auch mit den Interessen der meisten anderen Nationen, nämlich der Wahrung der nationalen Unabhängigkeit und der allgemeinen Handelsfreiheit.

Lebensnotwendiges Interesse an der Unabhängigkeit kleinerer Staaten? Der gerade erst fünf Jahre zurückliegende Burenkrieg hatte eine andere Sprache gesprochen ...

Lord Hankey und das »Economic Warfare Paper«: Planungen zu Wirtschaftskrieg und Blockade gegen Deutschland

In seinem 2016 erschienenen Buch »Planning Armageddon« beschäftigt sich der amerikanische Historiker Nicholas A. Lambert intensiv mit der Kriegsplanung der britischen Marine – Jahre vor dem Ersten Weltkrieg. Seine Recherchen ergaben, dass First Sea Lord John A. Fisher Captain George Ballard Anfang Dezember 1906 mit der Bildung eines geheimen Ausschusses zur Formulierung detaillierter Pläne für einen *»Krieg gegen Deutschland«* beauftragte.[115] Der Feind stand somit für die britische Elite schon fest: Die Pläne richteten sich auf einen Krieg gegen Deutschland, nicht auf Verteidigung, etwa gegen einen größenwahnsinnigen Kaiser Wilhelm und seine kriegswütigen preußischen Militärs.

Ballard forderte sofort die Unterstützung von Captain Maurice Hankey (Königliche Marine, Artillerie) an, mit dem er schon früher zusammengearbeitet hatte. Bereits Mitte April 1907 überreichte Ballard Fisher etwa sechzig Seiten Typoskript. Dieser »Ballard-Bericht« hat nur in modifizierter Form überlebt, innerhalb der sogenannten »1907 War Plans«.[116] Für das eingängige Vorwort – bestimmt für eine Leserschaft außerhalb der Royal Navy – konnte Fisher den Marinehistoriker Julian Corbett gewinnen. Im Frühjahr 1907 verteilte Fisher Kopien der Einführung in die Kriegspläne an Edward VII., Reginald McKenna, Präsident des Bildungsministeriums, Lewis »Lou-Lou« Harcourt, »First Commissioner of Works and Public Buildings« sowie James L. Garvin, einen führenden Marinepublizisten; auch Augustus Choate, der Chefdelegierte der USA auf der Haager Friedenskonferenz, bekam eine Kopie.[117] All diese Männer wussten also schon 1907 von den Kriegsplänen gegen das Deutsche Reich.

In Bezug auf die Art der Kriegsführung war man sich keineswegs einig. Maurice Hankey berichtet von erheblichen Meinungsverschiedenheiten zwischen der Royal Navy und der militärischen Führung, welche auf Truppenunterstützung setzte. Die Admiralität argumentierte, dass man mit einer Armee riskiere, *»den Kopf in das Maul des Löwen zu stecken«*, und dass angesichts von Großbritanniens Seeherrschaft die richtige Art der Hilfeleistung für Frankreich darin bestehe, Deutschland so stark unter wirtschaftlichen Druck zu setzen, dass es den Krieg nicht lange durchhalten könne.[118]

Im Dezember 1908 erstellte die britische Admiralität das sogenannte »Economic Warfare Paper«[119], darin wird die Anfälligkeit der modernen deutschen Industrie für wirtschaftliche Angriffe konstatiert. 33 Millionen deutscher Arbeitnehmer seien für ihren Lebensunterhalt auf Industrie und Handel angewiesen. *»Zwei Drittel von Deutschlands gesamtem Handel ist Überseehandel, und was Rohstoffe für seine Fabriken anbelangt, ist das Land teilweise vollkommen abhängig von Ländern, von denen es durch das Meer getrennt ist.«*[120] Also könne man Deutschland empfindlich treffen, wenn man die deutsche Industrie von ihren Zulieferern aus Übersee abschnitt. Ein großer Krieg ließe die deutsche Wirtschaft am Rand eines Abgrunds taumeln, folglich müsse die britische Strategie darin bestehen, sie vollends zu ruinieren und Deutschland in *»Arbeitslosigkeit, Not und schließlich in Konkurs«* zu stürzen.[121]

Wie nun ließ sich das in praktische Politik umsetzen? Die Regierung, so die Admiralität, müsse die Fortführung der Geschäfte der britischen Handelsflotte sowie britischer Versicherungen, Banken und Kommunikationsbetriebe mit Deutschland während des Krieges unterbinden. Dazu wären staatliche Eingriffe in die nationale und internationale Wirtschaft erforderlich, und somit müssten auch andere Ministerien mitarbeiten. Sir Charles Ottley machte das bald unmissverständlich klar.

Lord Esher legte im »Economic Warfare Paper« dar, dass Großbritannien *»dem deutschen Handel einen Todesstoß versetzen«* und daneben noch *»die Furcht vor Angriffen«* erzeugen könne, er hielt das für eine *»ausreichende Erfüllung unseres Anteils an der Entente-Partnerschaft zwischen uns und der französischen Nation«.*[122] Meinte er damit etwa, dass die Franzosen und Russen mit ihren Riesenheeren kämpfen und ihr Blut geben sollten, während es für Großbritannien aber wohl ausreiche, die Wirtschaft Deutschlands zu zerstören und ab und zu ein paar Attacken durchzuführen? Heute ist etwas Ähnliches im Gang: Die USA erwarten, dass für ihre strategischen Ziele die EU-Bürger Krieg führen, und unsere Politiker mucken nicht auf …

Weiter schlug Esher vor, falls Frankreich mehr von Großbritannien erwarte, könne vielleicht eine symbolische Kavallerietruppe auf den Kontinent entsandt werden.[123] Zusammenfassend kann man sagen: Die Admiralität wollte einen massiven Handelskrieg führen, der Deutschland vom Handel ausschließen sollte, und das sollte möglichst ohne ein englisches Expeditionskorps geschehen, um die Verluste an Menschenleben auf Großbritanniens Seite niedrig zu halten. Doch diese Planungen der Admiralität wurden letztlich zugunsten einer Blockadestrategie kassiert. Die Pläne der Armee, ein 160000 Mann starkes Expeditionskorps aufzustellen, wurden parallel dazu realisiert.

Bei der CID-Sitzung am 26. Januar 1911 regte Premier Asquith die Bildung eines weiteren Ausschusses an, der die Frage des Handels mit dem Feind in Kriegszeiten bearbeiten sollte.[124] Diejenigen Ministerien, die mit wirtschaftlichen Fragen zu tun hatten, durften einen Vertreter schicken. In seinen Memoiren beschreibt Hankey den Abschlussbericht des Ausschusses – den er verfasst hatte – als Meilenstein in der Entwicklung des CID. Julian Corbett: »*Seine Empfehlungen wurden in das War Book*[125] *aufgenommen, und als 1914 der Krieg ausbrach, wurden die Maßnahmen reibungslos und nach Plan durchgeführt.*«[126] Nicholas A. Lambert bezeichnet das als »*monumentale Übertreibung*« – man müsse sich mit diesen Memoiren kritisch auseinandersetzen, denn Hankey sei, obwohl er dem CID schon Mitte 1908 beigetreten war, erst im Januar 1911 direkt in die Planung des Wirtschaftskriegs einbezogen worden.[127] Insgesamt wird in »Planning Armageddon« der Eindruck vermittelt, dass die Leistungen Hankeys sowie des CID nicht relevant für den tatsächlichen Kriegserfolg gewesen seien. Doch Hankeys eindrucksvolle Karriere straft Lamberts Bagatellisierung Lügen.

Maurice Hankey (1877-1963)

Lord Hankey ist als eine der wichtigsten britischen Persönlichkeiten in der ersten Hälfte des 20. Jahrhunderts anzusehen, was sich in seiner Biografie widerspiegelt:

- 1895 Second Lieutenant der Royal Marine Artillery. Royal Naval College, Greenwich
- 1899 Captain der Royal Marine Artillery (Rang vergleichbar mit Kapitänleutnant)
- 1902 Naval Intelligence Department (Geheimdienst der Royal Navy)
- 1906 Admiralitätsvertreter im Owen Committee, zuständig für

die Verteidigung der Kolonien und der Besitzungen in Übersee

- 1907 Geheimdienstoffizier, Einsatz in der Mittelmeerregion
- 1908 Leiter der Marineabteilung innerhalb des CID

Mit Hankeys Einbindung in die geheime Kriegsplanung begann sein glanzvoller Aufstieg in die Politik, der mit dem Ministeramt endete: 1912 wurde er Leiter des CID (bis 1938) und bei Kriegsbeginn 1914 Leiter des Kriegsrats (War Council). Und 1916, nach dem Putsch im Dezember, ernannte ihn der neue Premierminister David Lloyd George zum Leiter des britischen Kriegskabinetts (War Cabinet). 1938 schied er aus dem öffentlichen Dienst aus und wurde British Government Director der Suez Canal Co. 1939, mit Kriegsbeginn, erfolgte Hankeys Ernennung zum Minister ohne Geschäftsbereich im Kabinett Churchill.

Als Kabinettssekretär war Hankey bei verschiedenen historischen Konferenzen dabei: der Pariser Friedenskonferenz von 1919, der Washingtoner Konferenz (1921), der Konferenz in Genua (1922), der Internationalen Konferenz in London (1924), der Konferenz in Den Haag (1929/30) und der Londoner Seekonferenz (1930). Als Generalsekretär war er zudem bis 1937 Teilnehmer der Konferenzen des Empires (Imperial Conferences).

Hankeys Auszeichnungen sprechen eine ebenso deutliche Sprache:

- 1912 Companion des britischen Verdienstordens »Order of the Bath« von 1399. Companions sind entweder Majore oder Lieutenant Colonels des Heeres, Squadron Leader oder Wing Commander der Royal Air Force, Lieutenant Commander oder Commander der Navy oder leitende Beamte der britischen Staatsverwaltung. Die maximale Anzahl beträgt 1925.
- 1916 Knight Commander. Hierzu werden nur Militärpersonen ernannt, die mindestens den Rang eines Colonel des Heeres,

Group Captain der Royal Air Force oder Captain der Marine innehaben, sowie zivile Beamte in vergleichbaren Positionen; die maximale Anzahl beträgt 355.

- 1929 Grand Cross (Großkreuz) – nur für hohe Militärs oder Zivilisten in Spitzenpositionen, besonders im öffentlichen Dienst und im diplomatischen Bereich, maximal 120 Personen.
- 1939 erfolgte die Ernennung zum First Baron Hankey of the Chart.

Angesichts dieser Vita erscheinen die Versuche manch etablierter Historiker, Hankeys Bedeutung zu schmälern, mehr als befremdlich. Sir Robert Vansittart, ständiger Sekretär im Außenministerium, hob Hankeys Begabung in den 1930er-Jahren mit folgenden Worten hervor: *»Ein Seemann von schmächtiger Gestalt und unermüdlicher Aktivität, entwickelte sich zu einer Fundgrube von geheimen Informationen, einem Chefinspektor von Informationsminen. Er hatte ein unglaubliches Gedächtnis ... ein Markenzeichen – er konnte sich auf Nachfrage an das Datum, die Akte und den Inhalt jedes Dokuments erinnern, das jemals aus einer Schublade gezogen wurde. Wenn auch der heilige Petrus mit solchen Fähigkeiten begabt ist, wird es am Tag des Jüngsten Gerichts keine Irrtümer geben.«*[128]

Auch die jeweiligen Premierminister betrachteten Maurice Hankey als Hilfe in strategischen Angelegenheiten. Als Leiter des CID wohnte Hankey den meisten Sitzungen der Kriegsregierung bei, wo über die große Strategie gesprochen wurde. Als er Ende 1916 zum Leiter des Kriegskabinetts aufstieg, genügten ihm dank seiner herausragenden geistigen Fähigkeiten vermutlich die relativ kurzen Zeitabschnitte vor 1911, in welchen er sich mit Wirtschaftskriegsstrategien befasst hatte, um in der Materie sattelfest zu werden, für die andere viel längere Einarbeitungszeiten benötigt hätten. Der Rang aber ist nicht unbedingt entscheidend dafür, dass die Geheime Elite ihn umwarb und für ihre Zwecke einspannte, viel wichtiger dürfte gewesen sein, dass er den »Order of the Bath«, den britischen Verdienstorden, erhalten hatte.

Als Beweis für Hankeys geniale Auffassungsgabe ist auch zu werten, dass er, als er im Oktober 1911 das »Economic Warfare Paper« zu Gesicht bekam, sofort begriff, dass dieses Dokument im Widerspruch zur damals anstehenden Ratifizierung der Londoner Seerechtsdeklaration[129] stand, die er für eine Katastrophe hielt, da sie die Macht der Royal Navy beeinträchtigen würde, Rohstofflieferungen für die deutsche Industrie zu verbieten.[130] Stante pede verfasste er ein siebenseitiges Memorandum, in dem er auf die Widersprüche hinwies.

Hankeys Bedeutung wurde absichtlich verschleiert. In diesem Zusammenhang ist es bemerkenswert, dass ihm die offizielle Erlaubnis zur Veröffentlichung seiner Memoiren aufgrund des sensiblen Inhalts immer wieder verweigert wurde,[131] obwohl er beide Bände bereits in den späten 1930er-Jahren fertiggestellt hatte. Nachdem Hankey sich gegen Strafverfolgung wegen Verletzung von Amtsgeheimnissen abgesichert hatte, widersetzte er sich 1961 schließlich der Anweisung und veröffentlichte die Memoiren, wenn auch in gekürzter Form.[132] Sie beginnen, abgesehen von den Flitterwochen 1903/04, erst am 14. März 1915, da war der Krieg bereits in vollem Gang. Bezeichnenderweise sind auch die Kabinettsprotokolle aus der Zeit von 1910 bis 1915 nicht zugänglich.

Auch bei der Admiralität wurde Deutschland als Hauptfeind angesehen, wie man aus dem »Economic Warfare Paper« ersehen kann. Der Inhalt wirft die Frage auf, inwieweit Maßnahmen heutiger britischer »Sanktions-« und »Embargo«-Politik, wie sie in jüngster Zeit gegenüber sogenannten »Schurkenstaaten« angewendet wurden, Weiterentwicklungen der Diskussionen und Erörterungen innerhalb der Unterausschüsse des CID sind, das erst 1939 aufgelöst wurde.

Der anvisierte Wirtschaftskrieg machte die Zusammenarbeit mit anderen Ministerien notwendig. Das heißt, die Leute dort wussten Bescheid, dass ein Krieg gegen Deutschland geplant war. Im Kaiserreich hingegen gab es nur den Schlieffen-Plan für den Fall eines Zweifrontenkriegs, der wohl als eine Art »worst case« angesehen wurde – man hoffte, dass der Plan nie zur Anwendung kommen musste. Es ist schwer verständlich, dass manche Historiker die planvollen Kriegsvorbereitungen in Großbritannien als irrelevant abtun, während sie gleichzeitig auf der deutschen Kriegsschuld beharren. Und dass all die Briten, die an den Planungen diplomatisch und legislativ mitgearbeitet haben, wider besseres Wissen und Gewissen nach dem Krieg zuließen, dass Deutschland die alleinige Kriegsschuld angelastet wurde, kommt einer Fortführung des Krieges mit hinterhältigen Mitteln gleich. Diese Geisteshaltung passt gut zur Aufrechterhaltung der Blockade bis Juni 1919, um die Unterschrift Deutschlands unter den Versailler Vertrag zu erzwingen.

Noch eine weitere Schlussfolgerung ergibt sich: Da das »Economic Warfare Paper« als Kriegswaffe planvoll entwickelt wurde, bedeutet das, dass heutige Historiker auch bezüglich der Hyperinflation von 1923 in Deutschland sowie der schweren Wall-Street-Finanzkrise 1929 genau recherchieren sollten, ob diese folgenschweren Ereignisse nicht raffinierte Kriegstaktiken in Friedenszeiten waren. Dasselbe gilt für den von Deutschland unendlich teuer bezahlten Friedensvertrag von Versailles! Wirtschaftskrieg und Blockadestrategien sollten genauso geächtet werden wie ABC-Waffen, denn sie richten sich gegen Zivilisten. Die Alliierten aber beteuerten damals, dass sie niemals die Ausrottung der deutschen Bevölkerung gewollt hätten.[133] Das musste den Deutschen wie blanker Hohn erschienen sein. Denn Tatsache ist – und das ist sogar aus den Forschungen von Lambert ersichtlich –, dass sich die verschiedenen CID-Ausschüsse schon Jahre vor 1914 mit Kriegsplänen gegen Deutschland befasst haben und dass alle bis hinauf zu König Edward davon wussten.

Man kann nicht umhin, die Geheimhaltung und das Zusammenstehen der beteiligten Briten zu bewundern. George Bernard Shaw schrieb über die damals bestimmende Haltung im Foreign Office: *»Sie fühlten in dieser wichtigen Stunde, daß England verloren sei, wenn nur ein einziger Verräter in ihrer Mitte über irgend etwas in der Welt ein Körnchen Wahrheit verlauten ließe.«*[134] Wie anders war da doch das Verhalten vieler Deutscher gewesen. Man denke nur an gewisse SPD-Politiker der Weimarer Republik, die in solcher Feindschaft gegenüber der kaiserlichen Regierung verharrten, dass sie widerspruchslos die alliierte Lüge über die deutsche Kriegsschuld adoptierten.

Am Ziel: Krieg gegen Deutschland

Nach der Einführung des »War Book« wurden die Pflöcke für die kommende Kriegführung eingeschlagen. 1911 ersetzte Premier Asquith Marineminister Reginald McKenna durch den Hardliner Winston Churchill. Der hatte bisher als Innenminister die Sozialreformen seines Freundes Lloyd George unterstützt. Nun begann er als Erster Lord der Admiralität zusammen mit Admiral Sir »Jacky« Fisher, die Flotte auf Ölfeuerung umzustellen und weiter aufzurüsten. Nach John Viscount Morley betrieb er die Kriegspolitik mit *»größter dämonischer Energie«*[135]. Scheinheilig schrieb Asquith in seinen Memoiren, Winston Churchill habe England in den Krieg hineinmanövriert.[136] Hatte der Premier nicht genau dafür Churchill auf dem zentralen Posten installiert?

Mitte Juli 1914 zog Churchill die Flotte vor der Reede von Spithead zur Probemobilmachung zusammen. Am 17. und 18. Juli veranstaltete er mit 59 Kriegsschiffen und 17 Flugbooten die bis dahin größte Flottendemonstration der Weltgeschichte.[137] Dutzende von Extrazügen brachten die Londoner Prominenz zur Revue nach Spithead. Bemerkenswert: Die Kriegsschiffe fuhren anschließend nicht mehr in ihre Friedenshäfen zurück – vier Tage vor der Übergabe des österreichisch-ungarischen Ultimatums an Serbien und zehn Tage vor der Kriegserklärung an Serbien.

Es gab auch besonnene Stimmen. Dazu gehörte Kolonialminister Lewis Harcourt. Er bat am 26. Juli 1914, einen Tag nach der Ablehnung des Ultimatums, Premier Asquith vergeblich, Churchill zurückzuhalten.[138] Am 28. Juli brachte Maurice Hankey auf Geheiß von Premier Asquith das hauptsächlich auf ihn zurückgehende »War Book« in die Downingstreet 10, und die Umsetzung der vereinbarten

Maßnahmen begann. Natürlich musste Hankey dafür eine »doping order«, eine Vertuschungsanweisung, erlassen. An seine Frau Adeline schrieb er: *»Ich bin dankbar, dass die Regierung kein Risiko eingeht.«*[139] So befand sich also der britische Premier bereits im Krieg, während Kaiser Wilhelm II. noch versuchte, dem Zaren Nikolaus II. ein Friedensversprechen abzuringen.

Das Tagebuch von Asquiths Ehefrau Margot verrät, dass er an diesem Abend in ihr Schlafzimmer kam, sich aufs Bett setzte, sie küsste und sagte, dass jetzt passiere, was das CID seit zwei Jahren diskutiert und festgelegt habe. *»Das bedeutet Krieg!«*, schrieb sie. Beim Abendessen habe es an ihrem Tisch niemanden gegeben, der darüber erstaunt gewesen wäre.[140]

Der einstige Gründer des CID Balfour blieb über dessen Leiter Hankey in die britischen Kriegspläne fest eingebunden, die beiden arbeiteten unter Asquith eng zusammen. So konnten Regierungschef und Oppositionsführer gemeinsam die Parlamentsmehrheiten aushebeln und nahezu unbehelligt weiter auf einen Krieg gegen das Deutsche Reich hinwirken. Nach außen hin aber war die britische Regierung in den zwei Wochen vor der Kriegserklärung mit der Situation in Nordirland beschäftigt, wegen des drohenden Bürgerkriegs gab es heftige Debatten. Auch in Bezug auf die Unabhängigkeitsbestrebungen Irlands war der Weltkrieg willkommen, da er den Loslösungsprozess erst einmal stoppte.[141]

Der eigentliche Startschuss des Krieges war nicht in Sarajevo, sondern in Nordafrika gefallen, wo neben Frankreich und Großbritannien ab 1911 auch Italien imperiale Interessen verfolgte. Während Frankreich, das sich mit Italien und Großbritannien bereits über die Kolonialinteressen verständigt hatte, Marokko besetzte, griff Italien mit dem Überfall auf Cyrenaika und Tripolitanien das Osmanische

Reich an. Die Schwächung der Türken nutzten wiederum Serbien, Bulgarien, Griechenland und Montenegro – der Balkanbund – und muckten gegen die osmanische Herrschaft auf. Nach den Balkankriegen 1912 und 1913 verzeichnete Serbien erhebliche Gebietsgewinne, die Nationalisten dort träumten von einem großserbischen Reich. So war es nicht verwunderlich, dass die österreichisch-ungarischen Ermittler nach dem Attentat in Sarajevo auf den habsburgischen Thronfolger und seine Frau am 28. Juni 1914 die Anstifter in der serbischen Regierung vermuteten. Doch rief die Forderung im österreichischen Ultimatum an Serbien vom 23. Juli 1914 nach Beteiligung an der Untersuchung des Mordkomplotts Entrüstung hervor. Die Ablehnung der Forderung durch Serbien führte dann zur Kriegserklärung Österreichs und damit zum Weltkrieg, der für alle europäischen Länder verheerende Folgen hatte.

Dass er von den Entente-Mächten gewonnen wurde, hat seinen Grund in der massiven Unterstützung durch die USA, die alles andere als neutral waren und schließlich 1917 direkt in den Krieg eintraten, um den Absturz der enormen Anleihen an die Entente zu verhindern. Balfour hatte Expräsident Theodore Roosevelt bereits 1909 ein englisch-amerikanisches Bündnis vorgeschlagen. Sein Brief – nach Recherchen des britischen Historikers Terry Boardman[142] verfasst von Philip Kerr (dem späteren Lord Lothian)[143] – befürwortete einen Staatenbund aller weißen, englischsprachigen Länder: »*In einer losen Föderation wird keiner seine eigene Individualität opfern. Es wird nur auf die nationalen Gefühle der Engländer, Amerikaner, Kanadier, Südafrikaner und Australier ein gemeinsamer angelsächsischer Patriotismus verhängt … Solch ein Bund wäre eine Seemacht ohne Landesgrenzen, die verteidigt werden müssten. Er würde die dünn besiedelten Gebiete und alle Weltmeere besitzen.*«[144] Das entsprach dem Ziel von Cecil Rhodes, einer Weltherrschaft der weißen angelsächsischen Rasse: »*… solch ein Bund wäre praktisch unangreifbar und würde die Welt* *dominieren … er würde praktisch über die Ozeane der Welt den Frieden diktieren … Das Gleichgewicht der Mächte … würde permanent errichtet …«*[145] Hintergedanke war sicher die Rückholung der USA in das Commonwealth.

Im Verlauf des 20. Jahrhunderts wurde Großbritannien dann allerdings der Juniorpartner der USA und nicht umgekehrt. War das vielleicht sogar im Sinne der von Milner 1909 gegründeten Round-Table-Bewegung, der Philip Kerr angehörte? Der Journalist und anfangs enge Vertraute von Cecil Rhodes und William T. Stead hatte ja bereits 1902 das Buch »The Americanisation of the World« verfasst. Hier drängt sich die Frage auf, ob nicht unsere amerikanisierten westlichen Eliten etwas Ähnliches betreiben und durch Schaffung eines äußeren Feindes sogar auf einen weiteren Weltkrieg hinarbeiten, um die widerstrebenden und auseinanderfallenden EU-Länder in der NATO und damit unter US-Kontrolle zu halten. Dass sich in dem Thinktank »The Coefficients« (vgl. S. 98) – eine Art Brain-Trust zur Verbesserung der sozialen Bedingungen im Empire, 1902 initiiert von den Gründern der »London School of Economics«, den Sozialisten Sidney und Beatrice Webb, dem Philosophen Bertrand Russel und einem Vertreter der G.-P.-Morgan-Bank – bereits die Namen Grey, Balfour, Haldane und Milner finden, macht jedenfalls nachdenklich. Hier und in den geheimen Zirkeln der Milner-Gruppe wurden die angloamerikanischen Pläne im Sinne von Cecil Rhodes' Weltherrschaftsideologie bis zum Krieg konsequent weiterverfolgt.[146]

Geheime Beuteteilung: Das Sykes-Picot-Abkommen

Am 21. Februar 1916 griffen deutsche Truppen die französische Stadt Verdun an. Daraus sollte sich eine der grausamsten und verlustreichsten Schlachten des Ersten Weltkriegs an der Westfront entwickeln. Sie endete erst am 19. Dezember 1916 ohne wesentliche Verschiebung des Frontverlaufs. Dazwischen ereignete sich viel, so kam es etwa zu dem Geheimabkommen Sykes-Picot.

Vom November 1915 an verhandelten der englische Diplomat Mark Sykes und sein französisches Pendant François Georges-Picot eine Übereinkunft. Darin wurden die Gebietsinteressen auch für die Alliierten Russland und Italien nach der zu erwartenden Niederlage des Osmanischen Reiches geregelt. Am 16. Mai 1916 unterzeichneten die Chefunterhändler Großbritanniens, Frankreichs und Russlands – Italien wurde Anfang 1917 einbezogen – den Geheimvertrag. Die Oktoberrevolution von 1917 führte dazu, dass Russlands Ansprüche obsolet wurden. Daraufhin veröffentlichten die Bolschewiken am 23. November 1917 den Inhalt des Sykes-Picot-Abkommens in den Tageszeitungen *Prawda* und *Iswestija*. Drei Tage später erschien es auch in der britischen Tageszeitung *Guardian*. Die Aufdeckung löste große Verärgerung unter den Entente-Mächten und wachsendes Misstrauen bei den Arabern aus.

Carroll Quigley hat in seinem Opus »Tragedy and Hope« die im Geheimabkommen vereinbarten Zuteilungen, welche ohne jegliche Rücksicht auf ethnische und kulturelle Strukturen erfolgte, akribisch wiedergegeben.[147] Hier eine gekürzte Zusammenfassung:

- Großbritannien: die Levante von Gaza nach Süden bis zum Roten Meer, Transjordanien, die syrische Wüste, das gesamte Mesopotamien südlich von Kirkuk einschließlich Bagdad und Basra und der größte Teil der arabischen Golfküste;
- Frankreich: der größte Teil Ostanatoliens einschließlich Mersin, Adana, Kilikien, sowie Kurdistan, Alexandretta, Syrien und das nördliche Mesopotamien einschließlich Mossul;
- Russland: Konstantinopel und die Meerenge mit den Dardanellen sowie Nordostanatolien einschließlich der Schwarzmeerküste;
- Italien: südwestliche Küste Anatoliens von Smyrna nach Adalia;
- Griechenland: Westanatolien um Smyrna;
- Palästina sollte internationalisiert werden.

Vor dem Ersten Weltkrieg hatten noch fünf bis sechs europäische Großmächte Interessen im Nahen Osten verfolgt, teilweise auch gegeneinander. Nach 1917 waren Russland, Deutschland und Österreich-Ungarn erfolgreich aus der Arena vertrieben, in der Folge wurde der gesamte Nahe Osten für mehrere Jahrzehnte uneingeschränkt britisch-französisches Einflussgebiet. Heute ist nicht nur für viele Araber das Sykes-Picot-Abkommen Ursache für die Konflikte in der Region. Für den in England geborenen – die Eltern stammen aus dem Südlibanon – Orientalisten und Experten für die Geschichte des Nahen Ostens, Albert Habib Hourani, waren die Kolonialherren nicht in der Lage, eine stabile Ordnung für die dort lebenden Völker zu etablieren.[148]

Der rätselhafte Tod von Marschall Kitchener

Lord Kitchener, seit dem Burenkrieg strahlender Kriegsheld und in der Bevölkerung hoch angesehen, war 1902 zum Oberbefehlshaber in Indien ernannt worden. Hatte er im Burenkrieg noch das schmutzige Geschäft der Milner-Gruppe besorgt, begann er nun die geopolitischen Zusammenhänge zu erkennen. Das mag auch ein Grund dafür gewesen sein, dass er am 14. Januar 1909 den bayerischen Hauptmann i. G. Karl Haushofer, mit dem der damalige Kolonialminister Joseph Chamberlain zu Beginn des Burenkriegs (1899) ein hochpolitisches Kamingespräch geführt hatte, zum Lunch in Fort Williamsburg einlud. Haushofer, der auf dem Weg nach Japan war, um die Gründe für den japanischen Sieg in der Mandschurei zu erforschen, fand sich durch Kitchener erstmals in der Anschauung bestätigt, dass, im Gegensatz zur deutschen Lehrmeinung, ein europäischer Krieg mindestens drei bis vier Jahre dauern würde. Obwohl Kitchener ihn so wenig wünschte wie er selbst, habe er *»doch von dessen wahrscheinlicher Unvermeidlichkeit ... ganz unbefangen (gesprochen). Er sagte voraus, daß er wahrscheinlich England wie Deutschland ihre Herrenstellung am Pazifik ... kosten müsse und für die Amerikaner und Japaner geführt werden würde.«*[149]

Mit Kriegsbeginn hatte Premier Asquith zusätzlich das Amt des Kriegsministers übernommen, doch schon am 5. August 1914 ernannte König Georg V. den parteilosen Lord Kitchener ganz im Sinne Milners als Nachfolger, denn mit einem so beliebten Mann konnte man der englischen Bevölkerung den Krieg glaubhaft verkaufen. Die Befugnisse des Kriegsministers wurden jedoch gleichzeitig reduziert. Im Frühjahr 1915 wurde wegen der Probleme bei der Munitionsbeschaffung ein spezielles Munitionskomitee eingerichtet, zu dessen Vorsitzendem Asquith ausgerechnet Lloyd George bestellte, obwohl die wachsenden Reibungen zwischen George und Kitchener allgemein bekannt waren. Hankey vermerkt in seinem Tagebuch: *»Langes Gespräch mit Balfour, der mir erzählte, Kitchener habe wegen des Lloyd George Armament Committee zurücktreten wollen und glaube, es gäbe eine Intrige, um ihn und Grey loszuwerden. … Schrecklicher Zank im Kabinett zwischen Lloyd George und Kitchener.«*[150]

Im Mai 1915 bildete die Regierung Asquith anlässlich des Rücktritts von Lord Fisher als Erstem Seelord der Admiralität ein Koalitionskabinett aus zwölf Liberalen, acht Unionisten, einem Labourmitglied und Lord Kitchener. Balfour wurde Erster Lord der Admiralität und Bonar Law Kolonialminister. Aus dem Munitionskomitee wurde ein Munitionsministerium – damit war Llyod George Minister. Im Februar 1916 wurde dann noch das Ministerium für Blockade geschaffen.[151]

Während US-Präsident Wilson im Wahlkampf einerseits versprach, die USA aus dem Krieg herauszuhalten, und andererseits kriegsbefürwortende Preparedness-Umzüge anführte, machte sich Feldmarschall Kitchener Gedanken über einen stabilen Frieden. Lord Derby vertraute er an, dass die Regierung dazu nicht in der Lage sei. Wenn die Alliierten den Deutschen Elsass und Lothringen wegnähmen, müsse mit einem Revanchekrieg gerechnet werden. Auch Sir Douglas Haig versuchte er zu überzeugen, dass nur ein fairer Frieden weitere Kriege in Europa verhindern könne. Diese Ansichten liefen aber den Interessen der um Milner versammelten Elite zuwider,

Herbert Kitchener (1850-1916)

die nach wie vor entschlossen war, Deutschland zu vernichten.[152] Im Frühjahr 1916 schlug Lloyd George Asquith vor, eine Delegation nach Russland zu schicken, um die Kampfbereitschaft des Zaren zu stärken. Ursprünglich sollte Lloyd George die Mission anführen und Maurice Hankey als Leiter des War Office ihn begleiten. Doch Lloyd George sagte plötzlich ab und fuhr nach Irland, auch Hankey lehnte ab, und Kitchener musste die Reise allein antreten.

Für die Reise nach Archangelsk in Nordrussland beorderte die Admiralität einen alten, kohlebefeuerten Panzerkreuzer, die *HMS Hampshire.* Dass die Reiseroute über Scapa Flow in Orkney, Schottland, führte, lag in der alleinigen Verantwortung der Admiralität, insbesondere des umstrittenen Admirals John Jellicoe. Dieser hatte nur wenige Tage zuvor in der Skagerrakschlacht über 6000 Mann verloren. Die britische Öffentlichkeit war enttäuscht, dass der Royal Navy kein Trafalgar-Sieg gelungen war.[153] Trotzdem wurde Jellicoe im November 1916 zum First Sea Lord befördert – und nur wenige Monate später wieder abgelöst. Am 5. Juni 1916 gegen 19 Uhr legte die *HMS Hampshire* ab. Etwa 15 Minuten zuvor hatte Jellicoe den Kapitän persönlich angewiesen, die ungewöhnliche westliche Route über Orkney zu nehmen, trotz des unkontrollierbaren Zyklonsturms und der Aktivität deutscher U-Boote in diesem Gebiet, die wenige Tage zuvor Streuminen verlegt hatte, was die britische Admiralität wusste, da sie seit Ende 1914 den deutschen Funkverkehr entschlüsseln konnte.

Um 20 Uhr fuhr die *Hampshire* angeblich auf eine Mine und versank in Sichtweite von auf den Klippen stehenden Beobachtern. Zuvor waren die beiden Begleitschiffe *Unity* und *Victor* zurückbeordert worden.[154] Scapa Flow wurde alarmiert, aber als die ersten Zerstörer das Unglücksgebiet erreichten, war es Mitternacht. Die Admiralität lehnte eine öffentliche Untersuchung ab. Am 7. Juni 1916 wurde Journalisten der Besuch auf der Insel verboten. 1926 wurde ein bisher geheim gehaltener offizieller Bericht für die Admiralität zugänglich, der aber wenig zusätzliche Informationen zu dem bot, was davor bereits bekannt geworden war.[155]

Der Tod Lord Kitcheners löste in Großbritannien einen Schock aus. Die öffentliche Meinung war mit den offiziellen Erklärungen der »Hampshire-Katastrophe« nicht zufrieden. Ähnlich wie nach dem Tod von Prinzessin Diana gab es bald wilde Spekulationen über Ursachen und Hergang. Sie reichten von einen Anschlag irischer Nationalisten über die Tat eines deutschen Meisterspions bis zu der deutschen Theorie, der britische Geheimdienst habe Lord Kitchener geopfert, damit dieser die russische Armee nicht reorganisieren konnte. Für die Militärs war eine Reform der russischen Armee dringend erforderlich, um Deutschland zu zwingen, in der quälenden Pattsituation vor Verdun Truppen von der West- nach der Ostfront zu verlegen und damit den Druck auf die belagerten Franzosen zu verringern.[156] Politisch aber wäre die Verhinderung dieser Reorganisation durchaus plausibel: Möglicherweise war das eigentliche Ziel nicht nur die Niederlage Deutschlands, sondern zugleich die Schwächung Frankreichs und eine dauerhafte Ausschaltung Russlands als Großmacht. Tatsächlich wurde nach Kitcheners Tod kein Versuch unternommen, eine auch nur annähernd gleichwertige Persönlichkeit mit der Reorganisation des russischen Heeres zu betrauen.

Dass die Umstände des Todes von Lord Kitchener auch ein Jahrhundert danach noch nicht befriedigend geklärt sind, zeigt der am 7. November 2014 in der *Financial Times* und am 15. November 2014 in der *Daily Mail* erschienene Artikel »The strange death of Lord Kitchener« des Buchautors Jeremy Paxman, in dem die Ungereimtheiten und die verschiedenen Spekulationen rund um Kitcheners Tod erörtert werden.[157] Paxman weist darauf hin, dass Kitcheners Sekretär im Juli 1916 Admiral Jellicoe schrieb, Kitcheners angeblich geheimer

Besuch in Russland sei lange in Scapa Flow bekannt gewesen. *»Hatte der deutsche Geheimdienst britische Signale abgefangen, was zur Verminung der Küstengewässer vor Marwick Head führte? Sollte Admiral Jellicoe darauf bestanden haben, dass die* Hampshire *den ungewöhnlichen Kurs westlich der Orkneys nimmt, anstatt zu warten, bis sich der Sturm gelegt hat? Warum hatten seine Mitarbeiter nicht einen, sondern drei Geheimdienstberichte über deutsche U-Boot-Aktivitäten in der Gegend, durch die die* Hampshire *fahren sollte, ignoriert?«*[158]

Die geheimen Aufzeichnungen der Admiralitätsuntersuchungen über den Untergang der *Hampshire* wurden erst in den späten 1960er-Jahren freigegeben. Ihnen zufolge wurde der Panzerkreuzer von einer Mine getroffen. Aus erbeuteten deutschen Archiven geht hervor, dass das Logbuch des U-Boots 75 kurz vor der Katastrophe die Streuung von Minen in der Gegend um Scapa Flow aufzeichnete. Man betrachtete die *Hampshire* als eines ihrer Opfer. Doch bei der Überprüfung der Kitchener-Akten in den Nationalarchiven 1973 und 1981 wurden zwei immer noch als ungeeignet für eine Veröffentlichung eingestuft und bis Ende 2015 und Ende 2025 versiegelt. Wenn es eine Verschwörung gab, dann war sie bemerkenswert langlebig.[159]

Was könnte so sensibel sein, dass die beiden Akten im Nationalarchiv unzugänglich blieben bzw. bleiben? James Irvine hat im August 2016 zu diesem Thema ein exzellent recherchiertes Buch herausgegeben.[160] Darin kommen die Autoren zu dem Schluss, dass der offizielle Bericht der Admiralität Schwächen habe und die Spekulationen nicht entkräften kann. An ein innerenglisches Attentat möchten sie jedoch nicht glauben.

Auffällig bei dieser Schiffskatastrophe sind die Parallelen zum Untergang der *Lusitania* genau ein Jahr zuvor: kurzfristige Kursänderung in ein Gebiet mit deutschen U-Boot-Aktivitäten, die der Admiralität bekannt waren, und Abzug des Begleitschutzes ...

Verhinderter Frieden 1916

Das Jahr 1916 war die Drehscheibe für die weiteren Katastrophen und Verwerfungen des 20. Jahrhunderts, denn der Krieg hätte eigentlich zu Ende gehen müssen: Großbritannien und Frankreich waren bereits 1915 erschöpft, dann kam 1916 der Stellungskrieg bei Verdun, der fast das ganze Jahr dauerte. Russland war ebenso kriegsmüde. Alle europäischen Mächte lagen am Boden, auch die Briten hatten ihre Vormachtstellung eingebüßt. Und so wurden die Rufe nach Frieden immer lauter. US-Präsident Woodrow Wilson schlug einen Verständigungsfrieden auf der Grundlage eines Völkerbundes vor, eine Initiative, die der deutsche Reichskanzler Theobald von Bethmann-Hollweg begrüßte. In einer Rede am 9. November 1916 vor dem Hauptausschuss des Reichstags bekräftigte er Deutschlands Bereitschaft zum Frieden.[161] Er hatte bereits am 20. Oktober im Staatsministerium ein Friedensangebots der Mittelmächte auf der Basis der Wiederherstellung der Vorkriegssituation vorgeschlagen.[162] Als aus den USA auf eine konkrete Anfrage des deutschen Botschafters keine Antwort kam, bereitete der Kanzler mit Unterstützung von Kaiser Wilhelm II. ein deutsches Friedensangebot vor.

Für die Milner-Gruppe, die mit einem deutschen Friedensangebot rechnete und befürchtete, dass Premier Asquith, dessen Sohn Raymond im September gefallen war, darauf eingehen würde, entstand Handlungsbedarf: Der Krieg sollte bis zur bedingungslosen Kapitulation Deutschlands weitergehen! Asquith und Grey waren offenbar nicht die richtigen Männer dafür, also sorgte die Geheime Elite am 7. Dezember, also rechtzeitig vor dem förmlichen deutschen Friedensangebot am 12. Dezember und Wilsons offiziellem Vermittlungsvorschlag, der am 18. Dezember folgte, für einen »very british coup«, einen Putsch aus dem Hinterhalt der *»Korridore und Gentlemen's*

Clubs«[163]. Als neuer Premier, der sich Ende September mit seiner Forderung empfohlen hatte, bis zum »Knockout« Deutschlands kämpfen zu wollen,[164] und der bereits Lord Kitchener als Kriegsminister beerbt hatte, wurde David Lloyd George installiert und mit einem fünfköpfigen Kriegskabinett umgeben, dem Milner selbst angehörte – als »Minister ohne Portfolio«. Als Privatsekretär wurde Lloyd George Philip Kerr zur Seite gestellt, der Milner über jede Regung des Premiers informierte.

Ohne diesen Putsch wäre in Europa vermutlich sehr vieles anders gekommen: Die Kriegshandlungen wären gestoppt und ein für alle annehmbarer Frieden ausgehandelt worden. Kein Kriegseintritt der USA, kein Bürgerkrieg in Russland, vor allem: kein Versailles. Laut dem Autor und Dozenten Terry Boardman hatte der Milner-Coup ungeheure Konsequenzen, auch für das weitere 20. Jahrhundert: auf Faschismus, Stalinismus, Kalten Krieg und die Macht der Banker. Amerika war nun der Herr der Welt.[165]

Der schändliche Mord an Rasputin

Rasputin, der russische Mönch, Wunderheiler und Vertraute von Zarin Alexandra, der die verheerenden Folgen des Weltkriegs vorhergesehen und stets zum Frieden gemahnt hatte, war aufgrund seines Einflusses auf die Zarenfamilie ein Stachel im Fleisch von Kriegsbefürwortern und eifersüchtigen Großfürsten. Am 30. Dezember 1916 fiel er einem Mordkomplott zum Opfer.

Fast 90 Jahre lang reklamierten Fürst Felix Jussupow und der nationalistische Duma-Abgeordnete Wladimir Purischkewitsch die Tat für sich. Erst 2004 wurde nachgewiesen, dass der finale Todesschuss von Oswald Rayner, einem Mitglied des britischen Geheimdienstes, abgegeben wurde. Eine neue forensische Analyse und eine Untersuchung der offiziellen Aufzeichnungen überzeugten den pensionierten Scotland-Yard-Commander Richard Cullen, der den Fall zusammen mit dem Geheimdiensthistoriker Andrew Cook untersucht hatte, dass *»Rayner der Mann war. Wir haben schlüssige Beweise dafür, dass die bisher akzeptierten Versionen auf Erfindungen basieren.«*[166]

Oswald Rayner, britischer Geheimagent (1888-1961)

Nach Cullen gab es die Befürchtung, dass nach einer Einigung im Jahr 1916 350 000 deutsche Soldaten zur Bekämpfung der Alliierten an der Westfront frei geworden wären. Rayners Beteiligung wurde natürlich geheim gehalten. Die Kopie eines Memos, das zwischen Rayners zwei Vorgesetzten in St. Petersburg, Scale und Alley, versandt wurde, erhärtet diese Version. Das Memo lautet: *»Obwohl die*

Dinge nicht ganz nach Plan verlaufen sind, haben wir unser Ziel klar erreicht. Die Reaktion auf das Ableben von ›Dark Forces‹ [Codename für Rasputin. Anm. d. Verf.] wurde von allen gut aufgenommen, obwohl einige bereits unangenehme Fragen stellten. Ich wurde nach einer breiteren Beteiligung gefragt. Rayner kümmert sich um die losen Enden und wird Sie zweifellos nach Ihrer Rückkehr in Kenntnis setzen.«[167]

Beim Sturz des Zaren und der Einsetzung einer bürgerlichen Regierung unter Fürst Georgi J. Lwow einige Wochen später scheint die britische Botschaft in Petersburg ihre Hände im Spiel gehabt zu haben. Die USA erkannten die neue Regierung unverzüglich an. Der engste Berater und Freund von US-Präsident Wilson, Colonel Edward Mandell House, jubelte: *»Alle friedliebenden Länder der Welt begrüßten den Sturz eines Systems, das Ungerechtigkeit und Grausamkeit in seiner anstößigsten Form verströmte.«*[168] Die Ungerechtigkeit des Zarenregimes war den friedliebenden Völkern aber auch schon im August 1914 bekannt!

Nur wenige Wochen nach dem Regime Change in Petersburg traten die USA am 6. April 1917 auf Seite der Alliierten in den Ersten Weltkrieg ein. Ihre Begründung lautete, man wolle die Demokratie sicherer machen. Was für ein Hohn! Genau das Gegenteil sollte nach dem Krieg in Europa der Fall sein.

Kritische Stimmen aus den Vereinigten Staaten zum Kriegseintritt

Walter Millis (1899–1968), historischer Schriftsteller und Journalist, u. a. Redakteur der *New York Herald Tribune* und ab 1954 Leiter der Stiftung »Fund for the Republic's study of demilitarization«, die sich für Abrüstung und Entmilitarisierung einsetzte, verfasste acht Bücher[169], wobei das 1935 erschienene Werk »Road to War – America 1914–1917« eines der wichtigsten sein dürfte. Hierin wird aufgezeigt, wie die anfangs neutralen USA in den Ersten Weltkrieg hineinmanövriert wurden, und das Verhalten der englischsprachigen Presse geschildert, die großen Anteil am Kriegseintritt der USA habe. Millis beschreibt die Propaganda, die geschickte Diplomatie britischer Staatsmänner, die irrsinnig hohen Kredite der J.-P.-Morgan-Bank an die Entente und vor allem die immensen Munitionslieferungen der amerikanischen Rüstungskonzerne, die Bildung der Preparedness-Bewegung, die Entstehung und Instrumentalisierung von internationalen Friedensorganisationen und vieles mehr. Wegen der Fülle der Informationen soll im Folgenden der Schwerpunkt auf einige der raffinierten Hintergrundschachzüge gesetzt werden, mit welchen alliierte Diplomaten und Politiker mitsamt ihren amerikanischen Helfern die USA allmählich in den Weltkrieg hineinzogen.

Schon im Dezember 1913 – dem Monat, in dem das US-amerikanische Zentralbanksystem Federal Reserve System, kurz FED, durch den Kongress gepeitscht wurde – reiste Sir William Tyrrell, Privatsekretär von Edward Grey, nach Washington. Dort umgarnte er Colonel House und Präsident Wilson so geschickt, dass weder Wilson noch House bemerkten, dass Tyrrell sie praktisch auf Großbritanniens Seite zu ziehen suchte. Er gab ihnen Ratschläge, wie sie sich gegenüber dem Deutschen Reich verhalten sollten, und bezeichnete von Tirpitz als Reaktionär. Colonel House brach dann am 16. Mai 1914 nach Berlin auf, um ein langes Gespräch mit dem Kaiser zu führen. Dieser erklärte, er wolle Frieden, weil es dem Interesse Deutschlands entspräche. Sein Land sei arm gewesen, nun sei es auf dem besten Wege, und ein paar weitere friedliche Jahre würden es reich machen. House hörte hier eine andere Version des Flottenwettrüstens, er hörte von »Einkreisung« und von den deutschen Ängsten, zwischen Frankreich und Russland zerschlagen zu werden, wann immer England zustimme.[170]

Millis beschreibt weiter, wie der amerikanische Botschafter Walter Hines Page in London von den britischen Staatsmännern eingewickelt wurde: Der einfältige Diplomat bildete sich ein, er genieße das Vertrauen von Sir Edward Grey, ungeachtet der Tatsache, dass kriegführende Außenminister niemandem ihr Vertrauen schenken. Page verfiel dem schwermütigen Charme dieses distinguierten Herrn und gab schon sehr früh seine neutrale Haltung zugunsten Großbritanniens auf.

Auch ein anderer US-Botschafter war nicht neutral. Der früheste offizielle Vorschlag, wie sich die USA verhalten sollten, stand am 28. Juli 1914 in einer Depesche von US-Botschafter Myron T. Herrick aus Paris. Er plädierte für eine *»Friedensvermittlung«* seitens der USA, die eher eine amerikanische Intervention zur Eindämmung der Mittelmächte zugunsten der Entente war. So früh tauchte also schon die »Verwechslung« zwischen einer neutralen und einer kriegerischen Aktion zur Erlangung des Friedens auf. Grey war dieser Unterschied wohl bewusst, und er analysierte die Möglichkeiten, wie spätere Aufzeichnungen zeigen: *»Wenn es sowohl an der West- als auch an der Ostfront zu einer Pattsituation käme, gäbe es eine Pause, in der die Stimme der Vernunft gehört werden könnte … Auf der anderen Seite könnten die Alliierten aber auch darüber nachdenken, dass es eine Sache* *ist, einem deutschen Angriff zu widerstehen, aber eine andere, eine völlig andere Sache ist es allerdings, Deutschland weiter voranzutreiben und zu erobern. Falls die Alliierten nicht siegen, könnte es vielleicht dennoch besser sein, einen Frieden zu Bedingungen herzustellen, die auch für Deutschland alles andere als siegreiche Bedingungen darstellen würden. In einer solchen Situation wäre der Einfluss der Vereinigten Staaten von unschätzbarem Wert.«*[171] Natürlich vor allem für die Entente!

Am 7. August 1914 wurde US-Botschafter Page ins Foreign Office gebeten, und noch bevor das britische Expeditionskorps auf dem Kontinent gelandet war, leitete der britische Außenminister Grey schon eine Art diplomatische Offensive ein. *»Ich erklärte dem Botschafter der Vereinigten Staaten heute …, (dass) wenn die Deutschen die Franzosen mit Leichtigkeit besiegen würden, sie auf nichts hören würden. Wenn andererseits die Franzosen und Russen mit Leichtigkeit siegen würden, würden sie darauf bestehen, dass Deutschland eine Lektion erteilt wird. Welche Bedingungen des Friedens fair wären, hinge davon ab, wie die Dinge liefen … Ich wusste, dass Präsident Wilson vermitteln wollte, und wann immer sich eine faire Gelegenheit böte, den Krieg durch Vermittlung zu beenden, sollten wir … unseren Einfluss in diese Richtung ausüben.«*[172] Das heißt im Klartext: Eine amerikanische »Vermittlung« wäre als letzte Rettung okay, falls es zu einer Pattsituation käme. Doch falls nicht, wäre dies nicht erwünscht, da dadurch einem totalen Sieg der Alliierten zwangsläufig Grenzen gesetzt wären. Wie vornehm dies doch formuliert war! Page jedenfalls dürfte wohl das Macchiavellistische in Greys Ausführungen entgangen sein.

Doch andernorts verblasste die Vision einer neutralen Vermittlung durch ein humanes und pazifistisches Amerika, das die Alte Welt vor sich selbst rettete, nicht. Am 5. September 1914 speiste der deutsche Botschafter Graf Bernstorff in New York mit einer Gruppe deutsch-jüdischer Bankiers und Kaufleute. Oscar Straus war überrascht, als Bernstorff ihm versicherte, dass Deutschland *»den Krieg nicht gewollt hatte und gewiss bei der ersten geeigneten Gelegenheit zu einem Verständigungsfrieden bereit sein würde«*[173]. Man beachte: Das war vier Wochen nach Kriegsausbruch! Diese Enthüllung erschien Straus so sensationell, dass er sofort den Zug nach Washington nahm, um sie am nächsten Morgen Außenminister Bryan mitzuteilen. Der rief daraufhin den deutschen Botschafter herbei, und es wurde der Vermittlungsvorschlag »Feeler« an die amerikanischen Botschafter im Ausland abgeschickt.

Der britische Botschafter Cecil Arthur Spring Rice erkannte messerscharf: *»Nichts würde die Öffentlichkeit hier so auf die Gegenseite ziehen, wie der Glaube, dass wir ein faires Friedensangebot abgelehnt haben.«*[174] Die Alliierten standen vor dem schwierigen logischen Problem, zu beweisen, dass sie friedenswillig waren, obwohl sie erst dann Frieden machen wollten, wenn der Feind vernichtend geschlagen war. Hastig befragte Spring Rice einige Freunde und erhielt Ratschläge, wie man sich aus der Klemme befreien könnte. Fortan hieß es: Die Alliierten wollten einen »echten« und »dauerhaften« Frieden, deshalb müssten sie weitermachen, bis Deutschland völlig vernichtet sei. Vonseiten der amerikanischen Öffentlichkeit kam kein Widerstand, und die »Straus-Initiative« war abgewendet. Nur der leider wenig geachtete, pazifistisch eingestellte Außenminister Bryan sagte, dass *»die Verantwortung für die Fortsetzung des Krieges genauso groß ist wie die Verantwortung für den Kriegsbeginn«*[175].

Die führenden Zeitungen der Alliierten, allen voran die unter Milners Einfluss stehende *Times*, kannten auch damals kein Verantwortungsgefühl. Gut gelaunt verkündeten sie, wie mittels der Blockade der Kriegsgegner Deutschland durch Aushungern – und zwar der Zivilbevölkerung wie der Streitkräfte – unterworfen werden sollte. Doch als die Mittelmächte von der übrigen Welt isoliert wurden, verschwanden damit auch einige der lukrativsten Märkte für die USA, etwa 13 Prozent des US-Außenhandels fielen weg.[176]

Mit großem Geschick arbeiteten die Entente-Staatsmänner daran, die amerikanischen Impulse zur Friedensstiftung in eine bedingungslose Unterstützung ihrer Kriegsziele zu verwandeln. Die Gewieftesten unter ihnen erkannten in den USA die größte Hoffnung – und die größte Gefahr. Ende Oktober 1914 erhielt Botschafter Page eine schriftliche Botschaft vom britischen Oberbefehlshaber Sir John French, einem ständigen Mitglied des CID.[177] Sie war offensichtlich für Präsident Wilson bestimmt, und Page übermittelte sie sofort. French hatte bereits erkannt, dass ein Patt erreicht worden war und dass der Krieg sich lange hinziehen und die steigende Zahl an Gefallenen zu Entrüstung führen würde. Die neutrale Welt würde sagen, dass das Gemetzel aufhören müsse, und auch die kämpfenden Mächte selbst würden dies verlangen oder zumindest für einen Vermittlungsvorschlag empfänglich sein.

Liest man Pages Brief heute, wird deutlich, wie behutsam der britische Oberbefehlshaber an solch einem Vorschlag gearbeitet hatte: *»Der Präsident der Vereinigten Staaten wird aufgefordert werden, zu vermitteln – ein oder zwei Grundprinzipien festzulegen, mit denen der Krieg beendet werden kann … Und die Grundprinzipien lauten wie folgt: Jedes Land muss seine Nationalität beibehalten – Belgien muss natürlich belgisch sein, Elsass-Lothringen muss französisch sein, wenn es französisch ist und es sein will; Schleswig-Holstein – dänisch, wenn es dänisch ist und es sein will; Polen, das gleiche Prinzip; die süddeutschen Staaten, wenn sie es wünschen, gehen zu Österreich, usw. usw. usw.; die slawischen Staaten, die jetzt österreichisch sind, werden russisch. Die deutschen Kolonien bleiben als Schachfiguren übrig, mit denen man handeln kann, wenn man die Details der Abmachung ausarbeitet. Was die Verhinderung von großen Armeen und Flotten angeht – das ist schwieriger …«*[178]

Hier kann man durchaus die Frage stellen, ob das hehre Prinzip »Selbstbestimmungsrecht der Völker« nicht eine raffinierte Methode war, um die Vielvölkerstaaten Österreich-Ungarn, Osmanisches Reich und Russland zu destabilisieren. Die heutige Praxis der völkerrechtswidrigen Interventionen der USA und damit der NATO würde in dieses Muster passen. Das Völkerrecht war damals ebenso nur ein Instrument der Machtpolitik wie heute die »Menschenrechte«, die für eine Destabilisierungs- und Kriegspolitik als Begründung herhalten müssen. Sollten im Ersten Weltkrieg die mächtigen Dynastien und Reiche auf dem Kontinent zerschlagen werden, so geht es heute um die Zerschlagung von Nationalstaaten und ihren Rechtssystemen zugunsten einer NATO-dominierten Einheitsfront.

Dass damals auf höchster staatlicher Ebene dieser Gedanke als strategische Waffe gegen die gegnerischen Mächte in wirksamster Weise eingesetzt werden konnte, ist jedenfalls für Historiker eine Sensation. Besonders delikat ist die direkte Verbindung zwischen dem britischen Oberbefehlshaber und dem US-Präsidenten. Millis schreibt: *»Es mag überraschend erscheinen, das gefeierte Prinzip des Selbstbestimmungsrechts der Völker – und zwar schon lange bevor Woodrow Wilson es übernahm – von einem britischen Armeekommandanten als Mittel so weit vorangetrieben zu finden, dass man damit die Amerikaner dazu bewegen konnte, einen unentschiedenen Krieg in einen totalen Sieg der Alliierten zu verwandeln. Die Überraschung ist jedoch weniger groß, wenn man immer wieder darauf stößt, dass fast jedes der großen Prinzipien, auf denen Präsident Wilson in Versailles bestanden hat, tatsächlich aus den strategischen oder diplomatischen Begehrlichkeiten der Alliierten entstanden ist.«*[179]

Von deutscher Seite gab es mehrere Vorstöße, einen Verhandlungsfrieden zu erringen, was wenig bekannt ist. Millis folgert sehr scharfsinnig: *»Das Einzige, was sich die Entente-Regierungen unmöglich leis-*

ten konnten, war, an einer Friedenskonferenz teilzunehmen, während die Deutschen im Felde noch weitgehend siegreich waren. ... Die Alliierten brauchten einen totalen Sieg. Ihr Bündnis war lockerer als das der Mittelmächte und wurde nur durch gegenseitige Beuteversprechen zusammengehalten. Ein bloßer Hinweis, dass einer von ihnen bereit war aufzuhören, ohne die Versprechen gegenüber den anderen einzuhalten, hätte ausgereicht, um ihr Bündnis zu sprengen.«[180]

Am 10. Januar 1917 übergab Ministerpräsident Aristide Briand in Paris dem amerikanischen Botschafter William Graves Sharp die Antwort der Alliierten auf Wilsons Bitte, ihre Kriegsziele zu benennen. Darin wurden die Verbrechen der Deutschen angeprangert sowie Reparationen, Restitution und Garantien gefordert. Die Alliierten kämpften nicht für *»egoistische Interessen, sondern vor allem für die Wahrung der Unabhängigkeit der Völker, des Rechts und der Menschlichkeit.«* Weiter fanden sich die Forderungen *»Wiederherstellung Belgiens, Serbiens und Montenegros und ihre Entschädigungen, Evakuierung der deutschen Soldaten aus Frankreich, Russland und Rumänien, Widergutmachung, die Neuordnung Europas, Befreiung der Italiener, Slawen, Rumänen und Tschechoslowaken aus der Fremdherrschaft, die Befreiung der Völker, die der Tyrannei der Türken unterworfen seien und die Vertreibung des Osmanischen Reiches aus Europa.«*[181]

Diese großen, aber auch etwas vagen Prinzipien der Unabhängigkeit sollten allerdings nicht auf diejenigen Völker angewendet werden, die der britischen oder französischen Kolonialherrschaft unterworfen waren. Für die meisten amerikanischen Zeitungen schienen die Ziele offensichtlich zu sein – allerdings bemerkte die *World*, dass die Bedingungen in mindestens zwei kleinen Punkten *»völlig unmoralisch«* seien. Darin wurde nämlich angeboten, die Italiener und Rumänen mit Gebieten zu bestechen, die diesen Mächten niemals gehört hatten. Die Zeitung *American* des Medien-Tycoons William Randolph

Hearst hielt fest: *»Das erklärte Ziel … ist, die politische, wirtschaftliche und industrielle Existenz der deutschen und ungarischen Völker vollständig zu zerstören und auf den Ruinen ein slawisches Imperium und kleine lateinische Staaten zu errichten, die zusammen mit diesen Staaten Kontinentaleuropa regieren sollen, während England die deutsche Handelskonkurrenz zerstört und eine vollständige Vorherrschaft über die Weltmeere durchsetzt …«*[182] Anstatt dauerhaften Frieden in der Welt zu errichten, mache dieses Programm einen weiteren großen Krieg in naher Zukunft wahrscheinlich. Und so ist es ja dann auch gekommen.

Lord Ponsonby über die Lügen in Kriegszeiten

Arthur Ponsonby (1871–1946) war der Sohn des Privatsekretärs von Queen Victoria, Henry Ponsonby. Nach Eton besuchte er das Balliol College in Oxford und trat dann in den diplomatischen Dienst ein. 1908 zog er ins Unterhaus ein und gründete 1914 zusammen mit anderen die »Union of Democratic Control« (UDC). Ziel dieser Gruppe war es, den vermeintlichen militärischen Einfluss auf die britische Regierung zurückzudrängen und sich für den Frieden einzusetzen. Die UDC sprach sich auch für die Einführung der Wehrpflicht anstelle des im Vereinigten Königreich üblichen Freiwilligensystems aus. In seinem 1928 erschienenen Buch »Falshood in War-Time. Propaganda Lies of the First World War« untersuchte und beschrieb Ponsonby die Methoden der Kriegspropaganda, wie sie seiner Auffassung nach vor und während des Ersten Weltkriegs vor allem von britischer Seite angewandt wurden. Es enthält den berühmten Hinweis: *»When war is declared, truth is the first casualty« – »Nach einer Kriegserklärung ist die Wahrheit das erste Opfer.«*[183]

Arthur Ponsonby (1871-1946)

Nach Ponsonby war der sofortige Eintritt der Briten in den Weltkrieg im Jahr 1914 der militärischen Bindung an Frankreich geschuldet, einer Bindung, von der weder das Volk noch das Parlament wusste. Nur wenige Mitglieder des Kabinetts waren eingeweiht. Die leugneten jedoch das Bestehen einer solchen Bindung. Es sei doch nur eine moralische Verpflichtung. *»Der Umstand«*, schreibt Ponsonby, *»dass es kein un-*

terzeichneter Vertrag war, hatte mit der bindenden Natur einer Vereinbarung, zu der man als dem Ergebnis jahrelang geführter militärischer und maritimer Besprechungen gelangt war, nicht das Geringste zu tun.«[184] Sir Eyre Crowe sah darin *»eine ehrenhafte Erwartung«*, Austen Chamberlain bezeichnete sie als *»die engsten Verhandlungen und Vereinbarungen zwischen zwei Regierungen«*, während Lloyd George von einem *»Pakt«* sprach – Lord Grey habe selbst zugegeben, *»dass er, wenn wir nicht auf Seiten Frankreichs in den Krieg eingetreten wären (ganz abgesehen von der Verletzung der belgischen Neutralität), sein Amt niedergelegt hätte«.*[185]

Die Besprechungen inklusive enger Beratungen zwischen den Militär- und Marinestäben hatten bereits vor 1906 begonnen. Die erste ausdrückliche Ableugnung erfolgte 1911: Am 8. März stellte Mr. Jowett im Unterhaus an den Staatsekretär des Auswärtigen Amtes, Thomas McKinnon Wood, einen liberalen Politiker, die Anfrage, ob während seiner Amtszeit Frankreich irgendein Versprechen gegeben oder irgendeine Vereinbarung getroffen worden sei, dahin lautend, dass in gewissen möglichen Fällen britische Truppen entsandt würden, um die Operationen des französischen Heeres zu unterstützen.[186] Die Antwort lautete Nein. Das Unterhaus war nicht überzeugt.

So ging Grey am 27. November 1911 in die Offensive: *»Vor allem lassen Sie mich versuchen, mit einigen der Verdächtigungen in Bezug auf Verheimlichung aufzuräumen – Verdächtigungen, mit denen manche Leute sich selbst zu quälen scheinen und sicherlich andere beunruhigen. Wir haben dem Haus die Geheimartikel des Abkommens mit Frankreich vom Jahr 1904 vorgelegt. Es gibt keine anderen geheimen Vereinbarungen. Die letzte Regierung schloss jenes Abkommen im Jahr 1904. Sie hielt diese Artikel geheim, und ich glaube, jedermann wird den Grund hierfür einsehen. Die Bekanntgabe dieser Artikel hätte wahrscheinlich böses Blut gemacht. Nach meinem Dafürhalten war sie zur Geheimhaltung dieser Artikel vollauf berechtigt, da es keine Artikel waren, die dem Haus* *ernstliche Verpflichtungen auferlegten.«*[187] Weiter führte Grey aus, dass die britische Regierung keine geheimen Abmachungen in Hinsicht auf Kriegsverpflichtungen eingehen sollte. *»Das wäre töricht. Keine britische Regierung könnte sich auf einen Krieg einlassen, wenn sie nicht die öffentliche Meinung hinter sich hätte, und solche bestehenden Vereinbarungen, welche das Parlament tatsächlich zu derartigen verpflichten, sind in den Verträgen und Abkommen enthalten, die dem Haus vorgelegt worden sind. Was uns anbelangt, so haben wir, seit wir im Amt sind, keinen einzigen geheimen Artikel irgendwelcher Art aufgestellt.«*[188]

Diese ganze Ausführung ist eine sorgfältige Umgehung des eigentlichen Punkts: Schon seit dem 3. August 1914 war es den Kabinettsmitgliedern klar, *»dass unsere Vereinbarung mit Frankreich ein geheimes Abkommen war, das dem Parlament Kriegsverpflichtungen auferlegte«*[189]. Im Unterhaus versicherte Grey am gleichen Tag, *»dass wir, wenn eine Krise wie die jetzige entstehen sollte, vor das Unterhaus treten würden und dem Unterhaus zu sagen vermöchten, dass wir kein geheimes Abkommen haben, mit dem wir das Haus überraschen und infolgedessen wir dem Hause sagen müssten, dass, wie wir jenes Abkommen getroffen haben, das Land nun eine Ehrverpflichtung hat ... Die Regierung blieb vollkommen frei, und a fortori blieb das Unterhaus vollkommen frei.«*[190] Nach Ponsonby war die Freiheit des Parlaments, auf die Grey hier abhob, infolge der Tatsache, dass am Tag zuvor der maritime Schutz der französischen Küste und Schifffahrt von der britischen Regierung gewährleistet worden war, hinfällig. Das Parlament war infolge der Bindungen keinesfalls frei, und dies machte die »Beratung« und die parlamentarische Genehmigung zu einer reinen Farce.[191]

In Greys Rede sah Ponsonby eine sehr dürftige Aufzählung von Ereignissen, die er einem Haus gab, das jahrelang geflissentlich im Dunkeln gehalten worden war. Unter den weiteren Auslassungen war *»der Vorschlag des deutschen Botschafters vom 1. August, in dem er zu* *verstehen gab, dass Deutschland bereit sei, nicht nur die belgische Neutralität, sondern auch die Integrität Frankreichs und seiner Kolonien zu gewährleisten, und ferner unterließ es der Außenminister zu erwähnen, dass er bei dieser Unterredung sich ganz entschieden geweigert hatte, irgendwelche Bedingungen zu nennen, aufgrund derer die Neutralität dieses Landes garantiert werden könnte.«*[192] Vier Monate vor Kriegsende, am 18. Juli 1918, erklärte Bonar Law vor dem Unterhaus: *»Es ist gesagt worden – und ich glaube, es ist sehr wahrscheinlich richtig –, dass der Krieg nie stattgefunden hätte, wenn Deutschland gewusst hätte, dass England sich am Krieg beteiligen werde.«*[193]

Trotz des Wissens um die kriegsvorbereitenden Maßnahmen der Geheimen Elite erklärte David Lloyd George am 4. August 1914, dem Tag der britischen Kriegserklärung an Deutschland, England kämpfe, *»um die gefährlichste Verschwörung, die je gegen die Freiheit der Völker angezettelt, die mit grausamer, schamloser Entschlossenheit in allen Einzelheiten sorgfältig, geschickt, hinterlistig und heimlich geplant wurde, zunichte zu machen«*[194]. Unter den wenigen gemäßigten Stimmen im August 1914 war Lord Rosebery, welcher schrieb: *»Es war wirklich ein Funke inmitten eines großen Pulvermagazins, das die Völker Europas in den letzten zwanzig oder dreißig Jahren aufgebaut haben ... Ich weiß nicht, ob es irgendeinen großen Organisator gab ... Es würde mir widerstreben, ohne Beweislast irgendjemandem eine solche Schuld zur Last zu legen.«*[195]

Ponsonby zerlegt die britischen Kriegsargumente wie folgt:[196]

»Ein Krieg, um den Militarismus auszutilgen«

Britische Ausgaben für Kriegsdienste in Pfund

1913–1914	1924–1925
110 750 000	117 525 000

»Ein Krieg zur Verteidigung kleiner Staaten«

Montenegro z. B. verschwand infolge der Friedensverträge von der Karte, obgleich der Premierminister am 5. Januar 1918 die Wiederherstellung Montenegros eigens betont hatte.[197]
Die britische Besetzung Ägyptens dauert fort usw.

»Ein Krieg, um die Welt für die Demokratie sicherer zu machen«

Die Ungereimtheit dieses Arguments der Alliierten, zu denen auch das zaristische Russland gehörte, liegt auf der Hand. Nach Kriegsende etablierten sich in Kontinentaleuropa überall Diktaturen. In der Tat war die parlamentarische Regierung, außer in Großbritannien, Belgien, Holland und der Schweiz, überall, wo sie nicht gänzlich abgeschafft wurde, in großer Gefahr.

»Ein Krieg, um den Kriegen ein Ende zu machen«

Dieser Schlachtruf war kein sehr origineller. Er wurde schon in früheren Kriegen ausgestoßen, obgleich jeder Schuljunge weiß, dass Krieg wieder Krieg erzeugt.
Morning Post am 20. Oktober 1915: *»Wir sind mit den falschen Ratschlägen von Politikern und Sentimentalisten, die sogar jetzt noch vorgeben, dass dies ein Krieg ist, um den Kriegen ein Ende zu machen, lange genug getäuscht worden. Es wird immer Kriege geben, solange die menschliche Natur eben die menschliche Natur bleibt.«*

»Kein Gebiet für Großbritannien«

»Wir haben nicht den Wunsch, die Bürden unseres Reiches durch neuen Flächenraum oder größere Verantwortung zu vermehren.« Asquith, Oktober 1914
»Wir führen keinen Eroberungskrieg.« Lloyd George, Februar 1917

So die Beteuerungen, die dem Volk vorgesetzt wurden. Was war das Ergebnis?

Teil des britischen Reiches wurde:	Fläche in engl. Quadratmeilen
Ägypten	350 000
Zypern	3584

Für diese Ländereien erhielt Großbritannien das Mandat:	
Deutsch-Südwestafrika	322 450
Deutsch-Ostafrika	384 180
Togo und Kamerun	112 415
Samoa	1050
Deutsch-Neuguinea/Südseeinseln	90 000
Palästina	9000
Mesopotamien (Irak)	143 250
Gesamtfläche	**1 415 929**

Am 5. September 1919 verwies US-Präsident Woodrow Wilson auf die wahren Gründe: »*Gibt es einen Mann oder eine Frau, ja lasst mich sagen, gibt es ein Kind, das nicht weiß, dass in der modernen Welt der industrielle Wettbewerb der Kriegssamen ist? ... Dies war ein Industrie- und Handelskrieg.*«[198] Und der ehemalige französische Präsident Raymond Poincaré, der im August 1914 Frankreich in den Krieg geführt hatte, gestand 1925: »*Ich behaupte nicht, dass Österreich oder Deutschland in erster Linie eine bewusste, überlegte Absicht hatten, einen allgemeinen Krieg zu entfesseln. Keine vorhandenen Dokumente geben uns das Recht, anzunehmen, dass sie zu jener Zeit irgendetwas so Systematisches geplant hatten.*«[199]

Am Ende seines Buches geht Ponsonby auf die Fälschung amtlicher Schriftstücke ein. Hier beschreibt er u. a. auch den »*berühmten Fälschungsfall*« von Kurt Eisner, Revolutionär und Ministerpräsident in Bayern. Eisner ließ Anfang 1919 den angeblichen Wortlaut eines Schreibens des bayerischen Gesandten in Berlin veröffentlichen.

»So wie der Bericht herausgegeben wurde, bekundete er das zynische Vorhaben der deutschen Regierung, die vorgeschlagenen österreichischen Zwangsmaßnahmen gegen Serbien zur Entfachung eines Weltkriegs auszunutzen. Der Vorfall führte zu einem Prozeß. Zwölf ausländische Sachverständige prüften das Schriftstück, und alle kamen zu der Schlußfolgerung, daß eine Fälschung vorliege. Der französische Professor an der Sorbonne, M. Edouard Dujardin, erkärte: ›Es ist meine Ansicht, daß der Text, so wie ihn die Bayerische Staatszeitung veröffentlicht hat, eine der offenkundigsten und ruchlosesten Fälschungen der Geschichte ist.‹ Der vollständige Text bekundete, daß die deutsche Regierung nicht einen Weltkrieg, sondern einen lokalisierten Krieg zwischen Österreich und Serbien ins Auge faßte.«[200]

Ponsonby analysierte die Lügen zum Ersten Weltkrieg, die von den Kriegsnationen, hier vor allem von England, in Umlauf gebracht wurden. Er ist überzeugt, dass Demokratien ohne Wehrpflicht stärker auf die Propaganda angewiesen sind. Er wollte mit seinem Beispiel die Augen öffnen, damit sich ein derartiges Desaster nicht so leicht wiederholen kann. Für das »andere« Großbritannien spricht, dass der unbequeme Ponsonby zwei Jahre nach Erscheinen seines Buches geadelt wurde und dann Ämter im House of Lords übernahm.

Die von Ponsonby dargelegten Mechanismen wurden von Anne Morelli aufgegriffen, die die zehn Prinzipien der Kriegspropaganda herausarbeitete. [201]

1. *Wir wollen den Krieg nicht.*
2. *Das gegnerische Lager trägt die alleinige Verantwortung.*
3. *Der Führer des Gegners hat dämonische Züge (»der Teufel vom Dienst«).*
4. *Wir kämpfen für eine gute Sache.*
5. *Der Gegner kämpft mit unerlaubten Waffen.*

6. *Der Gegner begeht mit Absicht Grausamkeiten, bei uns handelt es sich um Versehen.*
7. *Unsere Verluste sind gering, die des Gegners enorm.*
8. *Angesehene Persönlichkeiten, Wissenschaftler, Künstler und Intellektuelle unterstützen unsere Sache.*
9. *Unsere Mission ist heilig.*
10. *Wer unsere Berichterstattung in Zweifel zieht, steht auf der Seite des Gegners (Verrat).*

Es ist verblüffend, wie zeitlos diese zehn propagandistischen Grundsätze anmuten. Betrachtet man die heutige Berichterstattung über Russland und speziell über Putin, so drängt sich der Verdacht auf, dass sich seit 1914 nichts geändert hat – es wird nur subtiler gearbeitet.

Freibeutergeist – gestern und heute

Wer die Vergangenheit kontrolliert, kontrolliert die Zukunft, wer die Gegenwart kontrolliert, kontrolliert die Vergangenheit

George Orwell, 1984

Was wir gemeinhin für Geschichte halten, ist meist im Wesentlichen ein Narrativ: Je nach den Interessen derer, die die Geschichte schreiben, werden wichtige Dinge ausgespart und andere übertrieben, damit das beabsichtigte Bild entsteht, ein Bild, das den oder die Sieger als Befreier darstellt und die Besiegten als Schurken. Über den Ersten Weltkrieg ist um das Jubiläumsjahr 2014 herum viel geschrieben worden, doch über die Pläne und Interessen vor seinem Ausbruch ist immer noch erstaunlich wenig bekannt. Und es wird alles dafür getan, dass das auch so bleibt.

In diesem Buch sind die wirklichen Hintergründe und Motive für jenen schrecklichen Krieg deutlich geworden: die Macht- und Geldgier einiger skrupelloser Strategen, die sich vernetzten und bewusst Krieg, Leid und Chaos produzierten, um letztlich davon zu profitieren. Für Terry Boardman reichen die Wurzeln sogar bis in das Jahr 1066 zurück, bis zur Eroberung Englands durch die Normannen.[202] Die Normannen waren Wikinger, und sie sorgten durch Vernichtung oder Versklavung der zeugungsfähigen Männer und die Inbesitznahme der Frauen dafür, dass die künftigen Generationen auf der Insel Wikingergene hatten.[203] Nachdem sie England übernommen hatten, griffen sie die keltischen Länder an: Irland, Wales und Schottland. Im 14. Jahrhundert gingen sie dann auf den Kontinent und drangen in Frankreich ein. Und immer so weiter, bis zum Britischen Empire, das sich über die ganze Welt ausbreitete. »Wir gehen, wohin wir wollen, und wir nehmen uns, was wir wollen« – diesen Freibeutergeist der Wikinger sieht Boardman nach wie vor am Werk.

Denkfabrik „The Coefficients", 1902 (li.), die Terry Boardman bei seinem Vortrag vorstellte:
obere Reihe: Sidney Webb, Beatrice Webb, Richard Haldane, Sir Edward Grey, Arthur Balfour
mittlere Reihe: Bertrand Russell, H. G. Wells, Sir Robert Cecil, Alfred Milner
untere Reihe: Charles Repington, Vertreter der G. P. Morgan Bank, Halford Mackinder, Leopold Maxse, Leo Amery

Im 19. Jahrhundert kam dann die Überheblichkeit der Zivilisation hinzu: Cecil Rhodes, dem die rassistischen Ideen John Ruskins sehr gelegen kamen, um seine Raffgier ideologisch zu verbrämen, war tatsächlich der Auffassung, die angelsächsische Rasse sei die kultivierteste und überlegenste und sollte daher die Welt regieren mit den Zielen, im Sinne der Humanität die armen Barbaren zu zivilisieren und den Rest der Welt auf den britischen Standard emporzuheben. Valentine Chirol brachte es in der *Times* auf den Punkt: »*... wir machen nun dasselbe, was wir die letzten vierhundert Jahre getan haben, deshalb müssen wir ja Recht haben – und es ist richtig, dass wir das tun.*«[204]

Wären die genannten Ziele ernst gemeint gewesen, hätte man erstens mit anderen zivilisierten Staaten wie Deutschland und Österreich-

Ungarn zusammenarbeiten müssen – wie Queeen Viktoria es getan hatte, anstatt sie als aggressiv und barbarisch hinzustellen und gegen sie Krieg zu führen. Schließlich hatte das Kaiserreich unter Wilhelm II. erheblich mehr in Bildung und Forschung investiert als Großbritannien. Zweitens hätte man die enormen Profite aus den Kolonien in die Weiterentwicklung der ausgebeuteten Staaten investieren müssen. Das wurde zwar offiziell proklamiert, hinter den Kulissen jedoch und sogar am britischen Kabinett vorbei wurde die Vernichtung der Konkurrenzmacht Deutschland akribisch geplant, da sie die Frechheit besaß, wirtschaftlich erfolgreicher zu sein als das inzwischen behäbige Empire.

US-Präsident Woodrow Wilson hatte recht mit seinen Worten vom September 1919, es war ein Industrie- und Handelskrieg. Davon profitiert haben letztlich nicht die Entente-Mächte, sondern in erster Linie die USA, vor allem Banker und Rüstungsindustrielle, wie das in den 1930er-Jahren eingerichtete Nye-Untersuchungskomitee[205] herausfand. Die Intrige zum Regime Change in London 1916 zum Zwecke der Verhinderung eines Verständigungsfriedens und absoluten Vernichtung Deutschlands besiegelte nach Gerry Docherty und Jim Macgregor das Ende der politischen Demokratie in England.[206] Dies hat nicht nur die Mittelmächte geschwächt, sondern durch die unnötige Verlängerung des Krieges auch Großbritannien seine Führungsrolle gekostet. Bei dem Putsch wurden ganz offiziell Industrielle in politische Ämter gebracht, die genau die Sparten kontrollieren sollten, in denen sie selbst tätig waren.[207]

So offen geschieht das heutzutage nicht mehr, aber dass im 21. Jahrhundert Weltpolitik und Welthandel von einer Machtelite aus internationalen Profiteuren bestimmt werden, ist keine Frage. Auch heute werden imperiale Kriege angezettelt und als »humanitäre Interventionen« verkauft. Die Macht der Propaganda ist noch größer und die

Propaganda selbst raffinierter geworden. Wie das geht, erläuterte der einstige NATO-Sprecher Jamie Shea am Beispiel des völkerrechtswidrigen Jugoslawienkrieges bei einer PR-Veranstaltung mit dem Titel »Selling a Conflict – the Ultimate PR-Challenge« im Juni 2000 in Bern.[208] Er hatte während des NATO-Bombardements im Sommer 1999 in täglichen Medienkonferenzen die Sicht der NATO vermittelt. Man müsse die öffentliche Meinung gewinnen, so Shea, und trotz der Bilder von getöteten Zivilisten – *»Kollateralschäden«* – sei dies gelungen, und zwar mit den Schlagworten »humanitäre Katastrophe« und »humanitärer Einsatz« sowie Bildern von Flüchtlingskarawanen auf sämtlichen Fernsehkanälen. *»Es sei darum gegangen, sagte Shea, so viele Details des Kriegsgeschehens wie möglich zu vermitteln … und dabei keine Fehler zu machen, um die Glaubwürdigkeit nicht zu verlieren. … Pausen sollten genutzt werden, z. B. um zu erklären, wer der ›good guy‹ und wer der ›bad guy‹ sei.«*[209]

Eine solche Medieninszenierung kostet Geld, also werden in einer Marktwirtschaft die Medien im Sinne ihrer jeweiligen Geldgeber bzw. dem politischen Mainstream folgend berichten. Die Zustimmung zu den Kriegseinsätzen der NATO wird heute wie im Ersten Weltkrieg mit sogenannten »Fake News« über die barbarische Aggression des Gegners gewonnen, und wer an den Hebeln der Macht bzw. am Geldhahn sitzt, der bestimmt, was wir glauben sollen. Die US-Bevölkerung konnte z. B. 1917 nur durch den Einsatz massiver Gräuelpropaganda überzeugt werden. Wahrscheinlich hat Donald Trump, der womöglich einmal als »Betriebsunfall des Systems« in die Geschichte eingehen wird, die im Hintergrund agierenden Eliten gemeint, als er am 5. August 2018 twitterte: *»Die Fake News hassen mich, wenn ich sage, sie seien der Feind des Volkes, weil sie wissen, dass es WAHR ist. Ich leiste einen großen Dienst, indem ich dies dem amerikanischen Volk erkläre. Sie verursachen absichtlich große Spaltung und Misstrauen. Sie können auch Krieg verursachen! Sie sind sehr gefährlich und krank!«*

Heute haben wir es mit einem Finanzimperialismus zu tun, der sich auf die Menschenrechte beruft, diese aber in Wirklichkeit mit Füßen tritt. Die Situation ist mehr als brenzlig. Ein Krieg gegen Russland würde auf europäischem Boden stattfinden, und Deutschland als Drehscheibe der NATO bietet genügend Atomzielpunkte. Man könnte also zwei Fliegen mit einer Klappe schlagen und wieder einmal davon profitieren, dass sich der wirtschaftliche Konkurrent und der Gegner, auf dessen Ressourcen man scharf ist, gegenseitig erledigen. Deutschlands politische Repräsentanten setzen derweil auf unbedingte Gefolgschaft gegenüber dem »Großen Bruder« USA und freuen sich, dass Deutschland »Exportweltmeister« ist. Aus der politischen Naivität Wilhelms II. haben wir anscheinend wenig gelernt. Aber vielleicht können wir gar nicht mehr anders, vielleicht leben wir ja gar nicht mehr in einer Demokratie.

Aldous Huxley: *»Die Verfassungen werden nicht widerrufen und die guten Gesetze nicht aus der Gesetzessammlung gestrichen werden; aber diese liberalen Formen werden bloß dazu dienen, eine zuinnerst illiberale Substanz zu maskieren und zu verzieren … Demokratie und Freiheit werden das Thema jeder Rundfunksendung und jedes Leitartikels sein – aber Demokratie und Freiheit in dem Sinne, den ihnen der Sprecher oder Schreiber geben wird. Mittlerweile werden die herrschende Oligarchie und ihre gut gedrillte Elite von Soldaten, Polizisten, Gedankenverfertigern und Gehirnmanipulatoren hübsch still das ganze Werkel so laufen lassen, wie es ihnen passt.«*[210]

Wichtige Werke der vorgestellten Literatur

CAMBRIDGE LIBRARY COLLECTION
THE EXPANSION OF ENGLAND
TWO COURSES OF LECTURES
JOHN ROBERT SEELEY
CAMBRIDGE

THE SUPREME COMMAND
1914-1918
LORD HANKEY

The Untold History of the United States
Young Readers Edition, 1945-1962
written by OLIVER STONE
and PETER KUZNICK
adapted by
ERIC SINGER
Volume 2

ROAD TO WAR
AMERICA 1914-1917
BY WALTER MILLIS
AUTHOR OF "THE MARTIAL SPIRIT"

Der Autor

Wolfgang Effenberger, Jahrgang 1946, erhielt als junger Pionieroffizier Einblick in das von den USA vorbereitete »atomare Gefechtsfeld« in Europa. In dieser Zeit erwachte auch sein Interesse an Geopolitik. Nach dem Ausscheiden aus der Bundeswehr studierte er Politikwissenschaft und Höheres Lehramt (Bauwesen/Mathematik). 2004 veröffentlichte er zusammen mit Professor Konrad Löw das mittlerweile vergriffene Standardwerk »Pax americana«. Zuletzt von ihm erschienen: »Deutsche und Juden vor 1939« (2013), »Wiederkehr der Hasardeure« (2014, Koautor: Willy Wimmer), »Sie wollten den Krieg« und »Geoimperialismus« (beide 2016) sowie »Europas Verhängnis 14/18 – Die Herren des Geldes greifen zur Weltmacht« (2018). Wolfgang Effenberger lebt am Starnberger See.

Bildquellen

Cover: butenkov – stock.adobe.com; S. 10: Google Maps; S. 14: National Portrait Gallery, Wikimedia Commons; S. 31: *The Illustrated London News,* 9. Mai 1903; S. 36: Bibliothek allgemeinen und praktischen Wissens für Militäranwärter, Band I. Deutsches Verlagshaus Bong & Co., Berlin u. a. O. 1905; S. 39: Edward Linley Sambourne 1892; S. 60 ff.: Library of Congress, Wikimedia Commons; S. 79 ff.: Wikimedia Commons; S. 98: Screenshot aus dem Video »Britain's Responsibility in 1914 for World War One« von Terry Boardman; S. 104: Bildarchiv Wolfgang Effenberger

Anmerkungen

1 Johann Peter Eckermann: Gespräche mit Goethe. 16. Dezember 1828. Frankfurt/Main 1981

2 Francis Drake: englischer Freibeuter, Entdecker, später Vizeadmiral und Weltumsegler

3 Z. B. wird Ian Kershaw auf der Rückseites des Buches zitiert: *»Das ist Militärgeschichte auf fesselndste Art. Eine veritable Glanzleistung.«*

4 etwa Journalist und Reporter of the Year 1982

5 Vgl. *Guardian*, 13. Oktober 2013: »Foreign Office hoarding 1 m historic files in secret archive« und 14. Mai 2014: »Will the UK Government ever release these secret files to the public?«

6 Quelle: www.vice.com/en_au/article/mv5393/the-uk-government-are-opening-thousands-of- secret-files-to-the-public

7 Quelle: www.youtube.com/watch?v=k1yJ0zID_xw

8 Vgl. https://waldorfblog.wordpress.com/2013/11/21/tagung-kassel/

9 A. a. O., Berlin 2015, S. 18

10 Erstauflage London 1883. Zitiert wird hier aus der nachgedruckten Ausgabe von 1891, New York 2005

11 Siehe Oxford Dictionary of National Biography, Oxford 2004

12 Vgl. G. P. Gooch: History and Historians in the Nineteenth Century. Boston 1959, S. 346

13 Seehandelsgesetzen

14 Bei einer BBC-Umfrage wurde nach der bedeutendsten britischen Persönlichkeit in der Geschichte gefragt. Nach Isambard K. Brunel (1806–1859), Ingenieur und technischer Pionier des Zeitalters der Industriellen Revolution, folgten Churchill und Cromwell noch vor Charles Darwin und William Shakespeare: Ein Beweis für die Wirksamkeit der Propaganda! Wie konnte der Königsmörder und Diktator Cromwell, in Irland wegen seiner brutalen Maßnahmen gegen die katholische Bevölkerungsmehrheit verhasst, auf dem dritten Platz landen? Vgl. »Ten greatest Britons chosen«. Quelle: http://news.bbc.co.uk/2/hi/entertainment/2341661.stm

15 Zit. wie Seeley: The Expansion of England, S. 115

16 Ebd., S. 101

17 Olaf Groehler: Die Kriege Friedrichs II. Berlin 1990, S. 66. Ähnlich urteilte Voltaire: *»A cannon shot fired in America would give the signal that set Europe in blaze.«* Zit. wie Paul Johnson: A History of the American People, London 1997, S. 126

18 Groehler: Die Kriege Friedrichs II., S. 74

19 Ebd., S. 67

20 Vgl. Max Savelle: Die Vereinigten Staaten von Amerika. Essen 1975, S. 167

21 Ebd., S. 149

22 Seeley: The Expansion of England, S. 107

23 Ebd., S. 111

24 Das Toleranzedikt von Heinrich IV. garantierte im 17. Jahrhundert die Religionsfreiheit in Frankreich. Am 18.10.1685 wurde es von Ludwig XIV. aufgehoben, was zur Massenflucht der Hugenotten aus Frankreich führte.

25 Vgl. D. Wormell: Sir John Seeley and the Uses of History. Cambridge 1980, S. 154 ff.

26 G. P. Gooch: History and Historians in the Nineteenth Century. Boston 1959, S. 347

27 Zit. wie Seeley: The Expansion of England. Chicago 1971, S. XII

28 Vgl. Peter T. Marsh: Joseph Chamberlain. Entrepreneur in Politics. London 1994, S. 176 ff.

29 Zit. wie Markus Osterrieder: Welt im Umbruch. Stuttgart 2014, S. 802 f.

30 Ebd.

31 Vgl. Gerry Docherty/Jim Macgregor: Hidden History. Edinburgh 2013, S. 19 f.

32 Vgl. Joan M. Veon: The United Nations Global Straitjacket. New Jersey 2000, S. 68

33 Vgl. J. A. Hobson: John Ruskin. Social Reformer. Boston 1898, S. 187
34 Vgl. William T. Stead: The Last Will and Testament of Cecil Rhodes. London 1902, S. 59
35 Vgl. Osterrieder: Welt im Umbruch, S. 841 ff.
36 Zit. wie William Stead: The Last Will and Testament of Cecil Rhodes, S. 58
37 Cafferky: Lord Milner's Second War. Leipzig 2013, S. 14
38 Zit. wie ebd., S. 18
39 Ebd. S. 18-19
40 Lord Esher und Nathaniel de Rothschild gehörten ab 1891 zu den Schlüsselfiguren der Geheimen Elite.
41 Vgl. E. Adamov: Die Diplomatie des Vatikans zur Zeit des Imperialismus. Berlin 1932, S. 90
42 Vgl. ebd. sowie V. M. Chvostov: Die Geschichte der Diplomatie. Moskau 1947, S. 123
43 Adamov: Die Diplomatie des Vatikans zur Zeit des Imperialismus, S. 37
44 Ebd., S. 90; vgl. auch E. Winter: Rußland und das Papsttum, Bd. II. Berlin 1961, S. 400, 204
45 Vgl. Charles de Germiny: La politique de Léon XIII. Paris 1902, S. 259 f.
46 Vgl. A. P. Iswolski: Erinnerungen. Moskau 1924
47 Zit. wie E. Winter: Rußland und die slawischen Völker in der Diplomatie des Vatikans 1878–1903, Berlin 1950, S. 53 f.
48 Zit. wie Adamov: Die Diplomatie des Vatikans zur Zeit des Imperialismus, S. 103
49 K. Heise: Die Entente-Freimaurerei. Basel 1920, S. 100. Darin ist auch der Hinweis zu finden, dass Iswolski sich selber als »Vater des Weltkriegs« bezeichnet haben soll.
50 Zit. wie Renate Riemeck: Mitteleuropa. Bilanz eines Jahrhunderts. Freiburg 1965, S. 25
51 Zit. wie ebd., S. 24
52 Zit. wie Max Lenz/Erich Marcks: Das Bismarck-Jahr. Hamburg 1915, S. 190
53 Vgl. Brian Smith: Ein Rückblick auf den Buren-Krieg von 1899 bis 1902. Quelle: www.wsws.org/de/articles/1999/10/bure-o15.html
54 Vgl. Elizabeth Longford: Jameson's Raid. The Prelude to the Boer War. London 1982; Sir Graham Bower's Secret History of the Jameson Raid and the South African Crisis, 1895–1902. London 2002; Thomas Pakenham: The Boer War. London 1979, S. 21-24, 33 f.
55 irregulärer, von probritischen Einheiten unter Führung von Leander Starr Jameson ausgeführter Angriff auf die Südafrikanische Republik. Von der Kapkolonie aus sollte ein Aufstand der hauptsächlich britischen Arbeiter in Transvaal unterstützt und schließlich das Gebiet dem britischen Territorium angegliedert werden – ein wichtiger Schritt in den Zweiten Burenkrieg.
56 Vgl. Pakenham: The Boer War, S. 57 ff.
57 Vgl. Carroll Quigley: Tragedy and Hope. A History of the World in our Time. New York/Toronto, 1966, S. 138
58 Vgl. »Chamberlain in Birmingham«. In: *Times,* 14. Mai 1898; vgl. auch Dennis Judd: The Battle of Spion Kop. 1900. Crisis, War and Union in South Africa. In: D. Judd: Empire. The British Imperial Experience from 1765 to the Present. London 1996, S. 163
59 Selborne an Milner, 27. Juli 1899. Zit. wie Judd: The Battle of Spion Kop, S. 163
60 Zit. wie ebd.
61 James L. Garvin: The Life of Joseph Chamberlain, Bd. 3, London 1954, S. 471
62 Zit. wie Pakenham: The Boer War, S. 111
63 Vgl. The South African War of 1899–1900. In: *The Journal of the Royal United Service Institution,* 45 (1901), 1, S. 754
64 *Daily Mail, Times, Daily Telegraph* und *Globe* am 10. Oktober 1899
65 Vgl. Andreas Rose: Unsichtbare Feinde – Großbritanniens Feldzug gegen die Buren (1899–1902). In: Dierk Walter, Tanja Bührer, Christian Stachelbeck (Hrsg.): Imperialkriege von 1500 bis heute. Strukturen – Akteure – Lernprozesse. Paderborn u. a. 2011, S. 221
66 Vgl. Andrew Roberts: Salisbury – Victorian Titan. London 1999, S. 691 f.
67 Vgl. Pakenham: The Boer War. S. 257 f.
68 Zit. wie Wesseling: Teile und herrsche. Stuttgart 1999, S. 299
69 Vgl. Bill Nasson: The South African War. O. O. 1999, S. 149

[70] Zit. wie Judd, The Boer War, S. 154 f.
[71] Frederick Saunders/Phillip Thurmond Smith: Mafeking Memories. London 1996, S. 10
[72] *New York Times*, 19. Mai 1900; *Times*, 21. Mai 1900
[73] *Times*, 19. Mai 1900; *New York Times*, 19. Mai 1900
[74] *Times*, 21. Mai 1900
[75] Vgl. Staats-Almanack 1899, zit. wie The South African War of 1899-1900, Teil II. In: *Journal of the Royal United Service Institution*, 45 (1901), 2, S. 850 f.
[76] Nasson: The South African War, S. 183
[77] Zit. wie: The South African War of 1899–1900, Teil XI, S. 1357
[78] Vgl. Nasson: The South African War, S. 166 f.
[79] Vgl. Pakenham: The Boer War, S. 467
[80] Vgl. Fransjohan Pretorius: Life on Commando During the Anglo-Boer War, 1899–1902, Pretoria 1999, S. 303
[81] Vgl. Emily Hobhouse: The Brunt of the War, and Where it Fell. London 1902, S. 20
[82] Vgl. Winston Churchill: My early Life. New York 1930, S. 215, 220
[83] Vgl. Iain R. Smith: The Origins of the South African War, 1899–1902. London u. a. 1996
[84] Zit. wie ebd.
[85] Vgl. Tarkan Rosenberg: The Boer War. A War Between the British and the Boers in South Africa (1899–1902). 13. August 2018. Quelle: www.thoughtco.com/the-boer-war-1779180
[86] Vgl. Pakenham: The Boer War, S. 530. Tatsächlich wurde eine ganze Anzahl von Buren als Gefangene nach Bermuda gebracht.
[87] Campbell-Bannerman im Unterhaus, 14. Juni 1901. Zit. wie Pakenham: The Boer War, S. 534
[88] Milner, 21.6.1901, TNA, CAB 41/26
[89] Vgl. Rose: Unsichtbare Feinde
[90] Vgl. Pakenham: The Boer War, S. 607
[91] Quigley: Tragedy and Hope, S. 138
[92] Vgl. BBC-Sendung »Der Buren-Krieg«
[93] Vgl. Bill Nasson & Albert Grundlingh (Hrsg.): The War at Home: Women and Families in the Anglo-Boer War. Tafelberg, Cape Town 2013
[94] Vgl. Matthew Glencross: The State Visits of Edward VII: Reinventing Royal Diplomacy for the Twentieth Century. London 2016
[95] Vgl. Cafferky: Lord Milner's Second War, S. 70
[96] A. J. Marder: From the Dreadnought To Scapa Flow, Bd. I, London 1961, S. 26
[97] Vgl. auch Cafferky: Lord Milner's Second War, S. 75
[98] London 1922, S. 215 f.
[99] Cafferky: Lord Milner's Second War, S. 75
[100] Zit. wie ebd., S. 83
[101] Vgl. ebd., S. 79
[102] Ebd., S. 88
[103] Zit. wie ebd., S. 88
[104] Docherty/Macgregor: Hidden History, S. 104
[105] Vgl. Robert Rhodes James: Rosebery. O. O. 1995, S. 451
[106] Vgl. Docherty/Macgregor: Hidden History, S. 122
[107] Zit. wie Cafferky: Lord Milner's Second War, S. 90
[108] Damit waren zwei Mitglieder des innersten Milner-Kreises ab 1905 ständige Mitglieder im CID.
[109] Vgl. Nicholas A. Lambert: Planning Armageddon. British Economic Warfare and the First World War. London 2012, S. 31
[110] Crowe-Memorandum, abgedruckt in David Owen: The Hidden Perspective. The Military Conversations 1906–1914. London 2014, S. 219-264
[111] Ebd., S. 237
[112] Ebd.

[113] von Bülow am 6. Dezember 1897 in einer Reichstagsdebatte. Quelle: https://de.wikipedia.org/wiki/Platz_an_der_Sonne
[114] Vgl. Crowe-Memorandum, a. a. O., S. 230
[115] Vgl. Lambert: Planning Armageddon, S. 71 ff.
[116] Die am häufigsten zitierte Ausgabe ist diejenige, die von der Naval Records Society im Jahre 1964 reproduziert wurde.
[117] Vgl. ebd., S. 76
[118] Vgl. ebd., S. 120
[119] kurz für »The Economic Effect of War with German Trade«-Paper
[120] Lambert: Planning Armageddon, S. 122
[121] Vgl. ebd., S. 124
[122] Ebd., S. 125
[123] Vgl. ebd.
[124] Vgl. ebd., S. 142
[125] Nach Hankeys Darstellung erfolgte die Vorbereitung des Krieges gegen Deutschland in drei Phasen: 1. einer prinzipiellen Phase in den beiden letzten Amtsjahren von Balfour 1904/05, 2. der Phase der Politik 1906 bis 1909 und 3. der Umsetzung von August 1909 bis August 1914. Die letztgenannte Phase begann mit dem War Book, einer Art Drehbuch für den geplanten Krieg, in dem detailliert festgehalten war, welches Ressort welche Maßnahmen wie vorzubereiten und zu ergreifen hatte. Vgl. Nicolas D'Ombrain: War Machinery and High Policy Defence Administration in Peacetime Britain, 1902, Oxford 1973, S. 125
[126] Julian Corbett: Naval Operations, S. 18
[127] Vgl. Lambert: Planning Armageddon, S. 145
[128] Quelle: http://blog.nationalarchives.gov.uk/blog/sir-maurice-hankey-birth-modern-government/
[129] Die Londoner Seerechtsdeklaration von 1909 sollte in Ergänzung des Haager Abkommens von 1907 das Seekriegsrecht reformieren. Sie wurde vom britischen Oberhaus nicht ratifiziert und trat als Vertrag nie in Kraft.
[130] Vgl. Lambert: Planning Armageddon, S. 147
[131] zweimal von Premier Attlee (1945–51) und einmal von Premier Macmillan (1957–63)
[132] Vgl. Lambert: Planning Armageddon, S. 145
[133] Vgl. Walter Millis: Road to War. America 1914–1917. Boston/New York 1935, S. 374
[134] G. B. Shaw: Winke zur Friedenskonferenz. Zit. wie Osterrieder: Welt im Umbruch, S. 725
[135] John Morley: Memorandum on Resignation. London 1928, S. 4
[136] Vgl. Herbert Henry Asquith: Memories and Reflections, Bd. 2. London 1928, S. 7
[137] Vgl. »Naval Spectacle At Spithead«; *Times* vom 20. Juli 1914
[138] Vgl. Memorandum, Harcourt Papers. Quelle: https://archive.org/details/harcourtpapers01harc_0/page/n9
[139] Brief von Maurice Hankey an seine Frau Adeline vom 29. Juli 1914. Churchill Archives Centre, HNKY3/19
[140] Margot Asquith: Papers, zit. wie Douglas Newton: The Darkest Days. The Truth behind Britain's Rush to War. London/New York 2014, S. 65
[141] Vgl. Terry Boardman: Britain's Responsibility in 1914 for World War One?
[142] Vgl. ebd.
[143] Vgl. Terry Boardman: The Cecils and the End of the British Empire vom 7. Oktober 2017. Quelle: http://threeman.org/?p=2564%20«The%20Cecils%20and%20the%20End%20of%20the%20British%20Empire"
[144] K. Young: Arthur James Balfour. London 1963, S. 283
[145] Ebd.
[146] Vgl. Terry Boardman: Britain's Responsibility in 1914 for World War One?
[147] Vgl. Quigley: Tragedy and Hope, S. 246
[148] Vgl. Albert Hourani: Die Geschichte der arabischen Völker. O. O. 1997, S. 391
[149] Karl Haushofer: Erdkunde, Geopolitik und Wehrwissenschaft. München 1934, S. 8
[150] Maurice Hankey: The Supreme Command 1914–1918. London 1961, S. 311

[151] Vgl. *Michigan Law Review,* Bd. XVI., 7, S. 473
[152] Vgl. Docherty/Macgregor: Prolonging the Agony. How the Anglo-American Establishment Deliberately Extended WWI by Three-and-a- Half-Years. Walterville 2018, S. 335-353
[153] Vgl. Heathcote, Tony: The British Admirals of the Fleet 1734–1995. A Biographical Dictionary. O. O. 2002, S. 130
[154] Vgl. Jeremy Paxman: The strange death of Lord Kitchener. In: *Financal Times* vom 7. November 2014
[155] Vgl. Docherty/Macgregor: Prolonging the Agony, S, 335-353
[156] Vgl. Julia Anya Guthrie: Kitchener and the Hampshire. 4. November 2016. In: http://frontiersmagazine.org/kitchener-and-the-hampshire/
[157] Quelle: www.ft.com/content/f3760af0-6545-11e4-91b1-00144feabdc0 und www.pressreader.com/uk/daily-mail/20141115/282522951763279
[158] Ebd.
[159] Vgl. ebd.
[160] James Irvine (Hrsg.): HMS Hampshire. A Century of Myths and Mysteries Unravelled. Orkney 2016
[161] Vgl. Eberhard von Vietsch: Bethmann Hollweg. Staatsmann zwischen Macht und Ethos. Boppard 1969, S. 245.
[162] Vgl. Walter Görlitz (Hrsg.): Regierte der Kaiser? Kriegstagebücher, Aufzeichnungen und Briefe des Chefs des Marine-Kabinetts Admiral Georg Alexander von Müller 1914–1918. Göttingen u. a. 1959. S. 2 ff.
[163] Vgl. Terry Boardman: Britain's Responsibility in 1914 for World War One?
[164] Vgl. Woodward, David R.: Field Marshal Sir William Robertson: Chief of the Imperial General Staff in the Great War, Westport, Connecticut 1998
[165] Vgl. Terry Boardman: Britain's Responsibility in 1914 for World War One?
[166] *»There is a fair weight of evidence to show that Rayner was the man. We have conclusive proof that the previously accepted versions of events are fabrications.«* Zit. wie Karyn Miller: British spy ›fired the shot that finished off Rasputin‹. In: *Telegraph* vom 19. September 2004
[167] Zit. wie »A forthcoming BBC Timewatch documentary. Who Killed Rasputin?« BBC 2, 1. Oktober 2004
[168] Zit. wie *Philadelphia Public Ledger* vom 6. Dezember 1920
[169] The Martial Spirit: A Study of Our War with Spain (1931); The Road to War 1914–1917 (1935); Viewed Without Alarm: Europe Today (1937); Why Europe Fights (1940); This is Pearl! The United States and Japan 1941 (1947); Arms and Men: A Study of American Military History (1956); An End to Arms: A Study in American Military History (1965)
[170] Vgl. Millis: Road to War, S. 25
[171] Zit. wie ebd., S. 51
[172] Zit. wie ebd., S. 52
[173] Zit. wie ebd., S. 78
[174] Zit. wie ebd.
[175] Zit. wie ebd., S. 79
[176] Vgl. ebd., S. 87
[177] Vgl. ebd., S. 105
[178] Zit. wie ebd.
[179] Ebd., S. 106
[180] Ebd., S. 288
[181] Zit. wie ebd., S. 374
[182] Zit. wie ebd., S. 375
[183] A. Ponsonby: Lügen in Kriegszeiten. Viöl/Nordfriesland 1999 (Faksimile der 1930 erschienenen Ausgabe), S. 9
[184] Ebd., S. 33
[185] Zit. wie ebd.
[186] Vgl. ebd., S. 34

[187] Zit. wie ebd., S. 35
[188] Zit. wie ebd.
[189] Ebd., S. 36
[190] Zit. wie ebd., S. 37
[191] Vgl. ebd., S. 41
[192] Ebd., S. 157
[193] Zit. wie ebd., S. 44
[194] Zit. wie ebd., S. 63
[195] Zit. wie ebd.
[196] Ebd., S. 180-185
[197] Ebd., S. 182
[198] Zit. wie ebd., S. 65
[199] Zit. wie ebd.
[200] Zit. wie ebd., S. 160
[201] Anne Morelli: Die Prinzipien der Kriegspropaganda. Springe 2004
[202] Vgl. Terry Boardman: Britain's Responsibility in 1914 for World War One?
[203] Siehe hierzu auch W. Effenberger: Pfeiler der US-Macht, Gauting 2005, S. 249 f.
[204] Zit. wie Terry Boardman: Britain's Responsibility in 1914 for World War One?
[205] Komitee zur Untersuchung der Gründe für den Kriegseintritt der USA
[206] Vgl. Docherty/Macgregor: Prolonging the Agony, S. 375
[207] Vgl. ebd.
[208] www.apc.org.nz/pma/sshea.html
[209] Ebd.
[210] Aldous Huxley: Dreißig Jahre danach oder Wiedersehen mit der »Wackeren Neuen Welt«. München 1960

Auch erschienen im Verlag zeitgeist Print & Online:

Europas Verhängnis 14/18

Band 1:

Die Herren des Geldes

greifen zur Weltmacht

Von Wolfgang Effenberger

Gebunden, 96 Seiten, 14 Abb.

ISBN 978-3-943007-19-0

www.zeitgeist-online.de/europas-verhaengnis-14-18